Lohmann
Der kleine Küchengarten

Michael Lohmann

Der kleine Küchengarten

Gemüse, Kräuter, Beerenobst

BLV

CIP-Titelaufnahme der Deutschen Bibliothek

Lohmann, Michael:
Der kleine Küchengarten: Gemüse, Kräuter,
Beerenobst / Michael Lohmann. – 2., Aufl. –
München; Wien; Zürich: BLV, 1990
  (Garten-Erlebnis)
ISBN 3-405-13711-X

Bildnachweis
Angermayer: 103 l, 104 l, 106 o
Berling: 103 r
Burda: 41, 64/65, 70 u, 75, 77, 82/83
Daudt: 98, 104 r
Dittmer: 92
Falconi: 24 o, 25, 34, 35
Fries: 36/37
Kopp: 16, 19, 27, 69 r
Reinhard: 2/3, 7/8, 20, 26/27, 32/33, 38/39,
    43 r, 44 l, 44/45, 45 r, 46 l, 52/53, 55 l, 63 r,
    64 o, 66 l, 67, 68 l, 72/73, 74, 80 u, 84, 86,
    88 r, 90, 95 l, 106 ul, 108/109, 110/111
Reithmeier: 101 l, 105 or
Sammer: 8/9, 24 m, 43 l, 65 r, 73, 80 o, 87,
    92/93, 101 r, 102 r, 105 u
Scherer: 102 l, 105 ol
Stangl: 14/15, 24 u, 30, 31, 56 o, 58, 66 r, 70 o,
    71, 72 o, 88 l, 89, 95 r, 99
Stein: 54, 63 l, 76
Strauß: 18, 24/25, 56 u, 85, 91, 94
Sulzberger: 5, 10/11, 17, 22/23, 29, 40, 79
Wetterwald: 46/47, 48/49, 55 r, 60/61, 68/69
Wothe: 57, 58, 96/97, 106 ur, 107

Einbandfoto vorn:
G + J Fotoservice
Einbandfoto hinten:
Reinhard Tierfoto

Grafiken:
Marlene Gemke, München

Einbandgestaltung:
F & H Werbeagentur GmbH, München

Lektorat:
Katharina Holler

Layout:
Anton Walter, Gundelfingen

Zweite Auflage

BLV Verlagsgesellschaft mbH,
München Wien Zürich
8000 München 40

© 1990 BLV Verlagsgesellschaft mbH,
München

Gesamtherstellung: Pustet, Regensburg

Printed in Germany · ISBN 3-405-13711-X

Inhalt

Sonnig und leicht erreichbar

Wohin?

Im kleinen Garten haben wir keine großen Auswahlmöglichkeiten. Das gilt auch für die Lage der Kräuter-, Salat- und Gemüse-Beete. Immerhin erleichtern uns zwei Grundanforderungen die Entscheidung, wo wir unseren Kleinen Küchengarten anlegen sollen:

■ Er braucht möglichst viel Licht und Wärme und

■ er sollte von der Küche aus auf kürzestem Wege erreichbar sein.

Ideal wäre eine geschützte Lage an der Südseite des Wohnhauses. Da befindet sich freilich bei den meisten Häusern eine Terrasse. Außerdem ist es direkt an der Hauswand fast immer zu trocken für Pflanzen, weil der Dachüberstand oder ein Balkon den Regen abhält, und weil Kiespackungen rund um die Grundmauern die Bodenfeuchtigkeit nicht heranlassen. Und noch eins: Sonneneinstrahlung und Wärmespeicherung sind zwar an einer Südwand besonders intensiv, dafür kommt die Sonne im Sommer aber auch erst später als im Freistand um die Hausecke und verschwindet nachmittags auch früher.

Der Platz an der Südwand – sollte es einen geben – eignet sich besonders für die licht- und wärmehungrigen Würzkräuter, deren Heimat das Mittelmeergebiet ist und die deshalb auch mit Trockenheit besser zurechtkommen: etwa für den Majoran unter den Einjährigen, oder für Dost, Thymian, Estragon, Rosmarin, Salbei, Weinraute unter den Mehrjährigen. Man kann sie hier auch zusammen mit Blumen trocken-warmer Standorte zu einem Zier-Nutz-Beet vereinigen, in dessen Nachbarschaft ein Liegestuhl ebenso paßt wie ein hübsch gedeckter Kaffeetisch. Das gilt übrigens auch dann noch, wenn wir wärmeliebende Gemüsearten, wie Paprika oder Auberginen, in dieses bunte Arrangement an der Südwand mit einbeziehen.

Bei vielen Häusern ist es etwas schwierig, die Forderungen nach sonniger Lage und Küchennähe unter einen Hut zu bringen. Denn Küchen liegen selten im Südteil des Hauses. Da muß nun jeder versuchen, aus seinen speziellen Bedingungen das Beste zu machen. Dazu ein Tip: Denken Sie doch auch einmal daran, Ihren kleinen Küchengarten als Beet mitten in den Rasen zu setzen. Vielleicht als Rundbeet oder Achteck. Da gibt es hübsche Gestaltungsmöglichkeiten. Und so ein ganz frei liegender Gemüsegarten hat Sonne von morgens bis abends. Allerdings sollten Sie immer dafür sorgen, daß man auch bei nassem Wetter und höherem Rasen ohne Gummistiefel von der Küche ans Grünzeug kommt.

Wenn Sie jetzt immer noch nicht wissen, wohin mit dem Gemüse (ich kann Ihnen die Entscheidung nicht abnehmen), so mag Ihnen der Hinweis dienen: Versuchen Sie es auch einmal nach dem Ausschlußverfahren. Wo nämlich ein Gemüsegarten ganz bestimmt nicht hingehört, das wissen Sie sicher selbst: in den Schatten, unter Bäume oder Sträucher, direkt an eine stark befahrene Straße ... Damit bleibt oft schon nicht mehr viel Spielraum.

Ein Kräuterbeet an der Hauswand, eine Gemüse-Rabatte im Rasen ... das könnte zu Mißverständnissen führen. Ich möchte Ihnen nämlich keinesfalls raten, Ihren kleinen Küchengarten über das ganze Grundstück zu verteilen. Eine Trennung sollte gute

Ein Bauerngärtchen, bunt und gut umzäunt. Kein schlechtes Vorbild.

7

Sonnig und leicht erreichbar

Gründe haben und – wenn schon – nicht ohne System sein. Also: Kräuter zusammen, Salat und Gemüse zusammen, Beerensträucher zusammen. Oder: Dauerkulturen (Staudenkräuter, Rhabarber, Beerensträucher) zusammen, alle Ein- und Zweijährigen zusammen. Man verliert nämlich, selbst wenn das Grundstück nur ein paar hundert Quadratmeter mißt, schnell dieses oder jenes aus dem Auge, und ehe man sichs versieht, sind Basilikum oder Lavendel verschwunden, überwuchert, eingegangen. Gerade wenn man wenig Zeit hat, sollte alles beisammen und praktisch geordnet sein.

Wie groß soll er sein?

Die Entscheidung, wo wir den kleinen Küchengarten anlegen, hängt in den meisten Fällen von einer weiteren Entscheidung ab. Nämlich von der gewünschten (oder möglichen) Größe. Dazu müssen erstmal einige Fragen beantwortet werden:
- Wie groß ist der Gesamtgarten?
- Wieviel Platz brauchen wir für andere Zwecke?
- Wer kümmert sich um den Gemüsegarten, und wieviel Zeit kann sie/er dafür aufwenden?
- Wird eine weitgehende Selbstversorgung angestrebt? für wieviel Personen? auch mit Lagergemüse und Obst für den Winter? (Dann lesen Sie das falsche Buch!)
- Wollen (können) Sie die Fläche sehr intensiv bewirtschaften? (mit reichlich Dünger, Schachtelfruchtfolgen und unter Ausnützung jedes Quadratzentimeters – also mit viel know-how).

Bei intensiver Bewirtschaftung und voller Selbstversorgung rechnet man für einen Vier-Personen-Haushalt mit

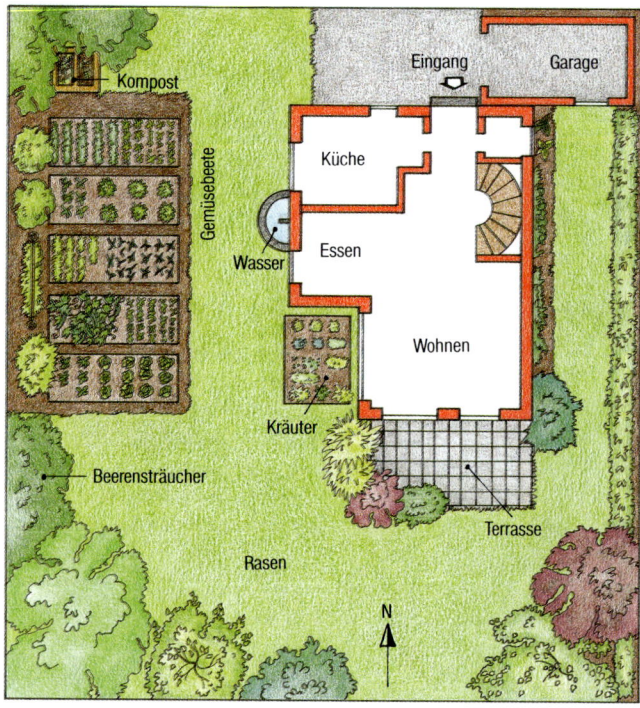

148 m² Gemüsefläche (37 m² pro Person) und 105 m² für Beerenobst und Rhabarber. 250 m² sind nun schon kein kleiner Küchengarten mehr. Mancher Reihenhausgarten ist insgesamt kaum größer. Deshalb beschränkt sich dieses Buch auf eine nur teilweise Selbstversorgung mit Kräutern, Feingemüse und etwas Beerenobst. Dafür sollten als Minimum 25 m² veranschlagt werden. Das Doppelte – also eine Fläche von 5 × 10 Metern – bietet schon recht befriedigende Möglichkeiten. Ab 100 m² könnte man dann schon mit dem Anbau von Grob- und Lagergemüse beginnen. (Kohl braucht viel Platz!) Damit wollen wir uns aber in diesem Rahmen nicht ausführlicher befassen, so daß wir den Kleinen Küchengarten mit einer Fläche von 50–100 m² definieren können.

Die Lage des Küchengartens sollte vor allem praktisch sein: sonnig, gut erreichbar und alles beisammen.

Etwas Besonderes – Gemüse im Hochbeet

In Neubaugärten sind die Böden oft in einem üblen Zustand: Eine dünne, aufgekippte Humusschicht liegt da meist auf einem von Baumaschinen festgefahrenen Gemisch aus Unterboden, eingefahrenem Rollkies und Bauschutt. In solchen Gärten baut man sich am besten gleich ein Hochbeet fürs Gemüse.

Dafür braucht man eine mindestens 40 cm hohe Umfassung aus Holz oder Stein. Gut geeignet sind Eisenbahnschwellen, die man entweder liegend verwendet – dann kommt je nach gewünschter Größe ein kleines Viereck oder ein großes Viereck zustande – oder stehend, wobei man die Bohlen am besten etwas im Bo-

den versenkt. Als stehende Hölzer kann man auch imprägnierte Rundhölzer verwenden. Länger haltbar sind Einfassungen aus Kunst- oder Naturstein. So eine halbhohe Natursteinmauer bietet zudem die schönsten Möglichkeiten für eine Bepflanzung der Zwischenräume mit Moosen, kleinen Farnen und Polsterpflanzen.

Das Innere muß dann mit einer mindestens 30 cm starken Schicht guter Humuserde gefüllt werden. Soll das Beet höher sein (man braucht sich dann weniger zu bücken), füllt man unten mit sandigem Lehm oder mit einem Sand-Kies-Gemisch auf. Mehr als 40 cm Humus ist wenig sinnvoll, da er so weit unten nicht mehr genug Luft bekommt.

So ein Hochbeet ist im Bau zwar recht aufwendig – besonders wenn mann Natursteine verwendet – es bietet aber viele Vorteile, abgesehen von der bereits erwähnten müheloseren Bearbeitung, die vor allem für ältere Menschen und Körperbehinderte ein großer Vorteil sein kann. Angenehm ist bei einem Hochbeet auch die Tatsache, daß Unkräuter nicht von den Seiten hereinwuchern und leichter in Schach gehalten werden können. Auch Wühlmäuse und Schnecken stören den Gartenfrieden im Hochbeet kaum. Und im Frühjahr erwärmt es sich rascher als ein Bodenbeet.

Ein gewisser Nachteil ist die Gefahr schnellerer Austrocknung. Nicht nur läuft das Wasser zügig ab (durch die Ritzen der Umrandung und durch unsere Kiesschicht), es fehlt auch die Kapillarverbindung zum dauerfeuchten Untergrund, bzw. zum Grundwasser, die bei natürlicher Bodenschichtung in Trockenzeiten von unschätzbarem Wert ist. Man muß also wachsam mit der Gießkanne bereitstehen, wenn das Wetter längere Zeit heiß und trocken ist.

Ein Hochbeet ist mühelos zu bearbeiten und hat weitere Vorteile. Der Kasten sollte aber geschlossen und nicht zu hoch sein, da sonst die Erde zu rasch austrocknet.

Der Boden

Wie beurteilt man einen Boden?

Daß der Boden im wahrsten Sinne des Wortes die Lebensgrundlage der Pflanzen ist, braucht man wohl kaum hervorzuheben. Auch daß es recht unterschiedliche Böden gibt, ist allgemein bekannt. (Obwohl sich die meisten Menschen mit einer Unterscheidung von Lehm-, Sand- und Moorböden wohl zufriedengäben.) Nur wenige wissen oder ahnen, wie außerordentlich komplex das »Ökosystem Boden« in seinen zahllosen Spielarten ist, wie geradezu wunderbar die vielfältigen Beziehungen zwischen Boden und Pflanzen sind, und welche Möglichkeiten es gibt, einen gegebenen Boden so zu pflegen, daß er möglichst allen Ansprüchen unserer Kulturpflanzen genügt.

Gärtnern besteht zu einem wesentlichen Teil aus Tätigkeiten der Bodenpflege. Erfolgreich und damit befriedigend wird darum das Werkeln im Garten nur, wenn man zum Boden eine innige Freundschaft entwickelt. Es sollte uns ein Vergnügen sein, mit den Händen in der krümeligen Erde zu wühlen, ihren Duft einzuatmen. Mit der Zeit sollten wir die Bedürfnisse des Bodens regelrecht mitfühlen, sollten mitleiden, wenn er nackt im Regen verschlämmt oder in der Sonne verdörrt. Dazu gehört Einfühlsamkeit, die Fähigkeit genau zu beobachten – und ein paar Grundlagenkenntnisse. Leider kann ein Buch nur das Wissen, nicht die Liebe vermitteln.

Um die Entwicklung des Bodens in der gewünschten Richtung steuern zu können, muß ich den gegenwärtigen Zustand beurteilen und auch den gewünschten Zustand kennen. Zu einer recht brauchbaren Diagnose führen einige einfache Tests, die jeder selbst durchführen kann.

Da wäre zunächst einmal die Spatendiagnose. Mit dem Spaten gräbt man ein Loch, etwa zwei Spatenbreiten lang und breit und anderthalb Spatenlängen tief. Dann sticht man eine 5–10 cm dicke Scheibe ab und schaut sie sich genau an.

Bei einem gewachsenen, das heißt wenigstens in den letzten 20–30 Jahren nicht tiefgründig umgewälzten Boden werden Sie mehr oder weniger deutlich eine obere, dunklere von einer unteren, helleren Schicht unterscheiden können. Die obere Schicht

Die richtige Bodenbearbeitung fördert eine gute Bodenstruktur – und die erleichtert wiederum die Arbeit.

sollte mindestens 10–20 cm stark, von Pflanzenwurzeln und Hohlräumen (Wurmgängen) durchzogen und krümelig sein. Die darunterliegende Schicht kann – je nach Bodenart – heller, lehmig-fest, sandig oder steinig sein.

Nach dem Unterboden unterscheidet man leichte (sandige) von schweren (lehmigen) Böden. (Diese Bezeichnungen haben nichts mit dem Gewicht zu tun, sondern damit, ob sie leicht oder schwer zu bearbeiten sind.)

Sandböden sind gut durchlüftet, erwärmen sich im Frühjahr rasch und lassen sich leicht bearbeiten. Aber es sind arme, magere Böden, die Wasser und Nährstoffe nicht halten können.

Lehmböden ergeben die besten Gartenböden, da sie ein ausgewogenes Gemisch von Sand und Ton sind und entsprechend die Luftigkeit des Sandes und die Fähigkeit zur Wasser- (und Nährstoff-)speicherung des Tones in sich vereinigen. Auch sie bedürfen aber der biologischen Verfeinerung.

Der Boden

Schwere Tonböden machen nicht nur dem Gärtner, sondern auch den Pflanzen das Leben schwer.

Reine Humusböden bestehen aus halbzersetzten Pflanzenresten (Torfe, Mull), die zwar leicht zu bearbeiten, in der Regel aber zu sauer und sehr nährstoffarm sind; außerdem läßt ihr Wasserhaushalt zu wünschen übrig.

Was Sie in Ihrem Garten vorfinden, entspricht wahrscheinlich keiner dieser vier Grund-Bodenarten völlig. Die natürlichen Böden weisen ein ungleich breiteres Spektrum auf, das von sehr vielen Faktoren mitbestimmt wird: von der Art des Ausgangsgesteins, vom Grundwasserstand, von der Hängigkeit, vom Klima, vom Pflanzenbewuchs. Und da fast alle unsere Böden seit Jahrhunderten bearbeitet werden, hängt auch davon der Bodenzustand ab.

Der von Humus dunkler gefärbte Oberboden oder Mutterboden läßt erkennen, wohin die Entwicklung führen soll: Zu einem Ausgleich der Extreme, zu einer harmonischen Mischung feiner (toniger) und gröberer (sandiger) Mineralbestandteile, zu einer durch Lebewesen und ihre Reste gelockerten »Schwammstruktur«, die »atmen« kann und Wasser und Nährstoffe in Maßen aufzunehmen und zu halten vermag.

Je nach Mächtigkeit der intensiv durchwurzelten, aktiven Oberbodenschicht spricht man von flach- oder tiefgründigen Böden. Flachgründigkeit kann durch anstehenden Fels oder unverwittertes Gestein ebenso wie durch Bodenverdichtung und Staunässe bedingt sein. Auch das sollten Sie bei der Spatendiagnose erkennen können. Da wir als Gemüsegärtner einen möglichst tiefgründigen Boden anstreben, müssen wir bei flachgründigen Böden vielleicht auch einmal »tiefgreifende« mechanische

Maßnahmen durchführen. Oft kommt man aber auch mit sanfteren, biologischen Mitteln zum Ziel. Davon später.

Neben der Beurteilung nach dem Augenschein – Sie sollten an ihrer Spatenprobe auch einmal riechen und sie mit den Fingern erforschen – vervollständigen zwei weitere Tests die allgemeine Diagnose: der Säure- oder pH-Test und die Untersuchung des Nährstoffgehalts. Den Säuretest kann jeder leicht selbst durchführen. Dazu rühren Sie eine kleine Erdprobe (etwa 20 Gramm) in einem Schälchen mit etwa $50\,cm^3$ destilliertem Wasser zu einem dicken Brei an. In der Apotheke bekommen Sie Universalindikator-Papier (Merck), von dem Sie einen Streifen für einige Sekunden in diesen Erdbrei tauchen. Dann warten Sie noch eine halbe Minute und spritzen den Papierstreifen mit dem destillierten Wasser ab und vergleichen seine Farbe mit der beigegebenen Farbskala. Die dort angegebenen Zahlen bedeuten: 1 = sehr sauer bis 6 = schwach sauer, 7 = neutral, 8–10 zunehmend basisch oder alkalisch. Als Faustregel gilt: Sandböden sollten einen pH-Wert zwischen 5 und 6 haben, Lehmböden einen zwischen 6 und 7. Liegt Ihre Messung deutlich unter diesen Werten, ist Ihr Boden zu sauer und muß gekalkt werden (siehe unten).

Die Bestimmung des Gehalts an mineralischen (und organischen) Nährstoffen (Stickstoff, Phosphor, Kali) überlassen Sie besser einem dafür eingerichteten Labor. Das Amt für Landwirtschaft in Ihrer Kreisstadt teilt Ihnen die Adressen der meist staatlichen Untersuchungsanstalten gerne mit.

Neben der chemischen Nährstoffanalyse gibt es auch eine biologische, die freilich auch einige Kenntnisse voraussetzt. Man macht sich dabei die

Tatsache zunutze, daß viele Wildpflanzen sich nur bei den für sie optimalen Bodenbedingungen ansiedeln und kräftig entwickeln. Man nennt solche Pflanzen Zeigerpflanzen. So zeigen Brennessel, Hirtentäschel und Vogelmiere reichlichen Stickstoff an. Margeriten und einige Kleearten weisen dagegen auf nährstoffarme Böden hin. Wo Huflattich und Ackerschachtelhalm wachsen, ist der Boden toniglehmig mit staunassem Untergrund. Riedgräser, Sauerklee und Pilze lassen saure Böden erkennen. Einblicke in diese Zusammenhänge lohnen wahrlich ein kleines Sonderstudium.

Humus ist das Zauberwort

Die Aufgabe des Gärtners besteht nun darin, alle Prozesse zu fördern, die den unbelebten Mineralboden zum lebenden Mutterboden umwandeln.

Humus ist dabei das Zauberwort, auf dem alle Bodenfruchtbarkeit beruht. Humus ist jener wunderbare Komplex aus Mineralischem, Abgestorbenem und Lebendem, der aufs Harmonischste die guten Eigenschaften der Bodenarten noch fördert und ihre schlechten mildert oder aufhebt.

Blaß vor Neid könnte man als Abfall-bedrückter Zivilisationsmensch werden, wenn man sieht, wie die Pflanzen mit ihren eigenen Abfällen sich so richtig erst die Existenzgrundlage schaffen. Denn: Kein Humus ohne Pflanzen, keine Pflanzen ohne Humus – hier wird einer der großartigen Stoffkreisläufe und Lebenszusammenhänge deutlich, von denen unsere technische Ökonomie so wenig gelernt hat.

Unter Humus versteht man, streng genommen, nur die unvollständig abgebaute organische Substanz eines Bodens. Sie macht selbst in einem gu-

Das Bodenprofil zeigt, wo es fehlt. Ein schwerer toniger Boden, ein tiefgründiger Lehmboden und ein von Bodenorganismen zu wenig durchmischter Sandboden.

Der Boden

ten Gartenboden kaum 5 Volumenprozent aus. Den Rest teilen sich je etwa zur Hälfte Luft und Wasser (zu möglichst gleichen Teilen) einerseits und mineralische Substanzen andererseits. Lebende Pflanzenwurzeln, Pilzgeflechte und Bodentierwelt machen zusammen auch nur wenige Prozent aus. Ihre Wirkung ist aber die der Hefe im Teig.

Man wird einem lebendigen Boden nicht gerecht, wenn man ihn nur als Substanz-Gemenge beschreibt. Man muß ihn im gleichen Maße auch als Funktionsgefüge und Prozeß verstehen.

Was hier passiert, was hier geleistet wird, das kann man sich am besten im Herbst vorstellen, wenn dicke Laubschichten den Boden bedecken. Diese Abfallmengen (bei deren Beseitigung so mancher Saubermann ins Schwitzen kommt) sind bis spätestens zum nächsten Herbst spur- und geräuschlos verschwunden, umgewandelt und eingearbeitet wie das Gras von der Kuh. An diesem Wunder sind pro Quadratmeter Boden tausende von Springschwänzen und Hornmilben, unzählige Würmer und Insektenlarven, vor allem aber Milliarden von Bakterien (pro Gramm!) und ein dichtes Geflecht von Pilzen beteiligt.

Sie arbeiten wie ein gut eingespieltes Team zusammen: Regenwürmer ziehen Laub und Gras in den Boden, lassen Bakterien einige Zeit daran vorverdauen, verschlingen das ganze schließlich mit einer reichlichen Zugabe von Erde, zerkleinern und vermengen alles in ihrem Innern und scheiden die perfekte Pflanzenerde aus: eine Mischung von Sand und Ton, von Humus und Bakterienschleim, eine Mischung, die all die vorzüglichen Eigenschaften besitzt, die man von dunkler, krümeliger, duftender Gartenerde kennt.

Ton-Humus-Komplexe nennt der Wissenschaftler die Feinstrukturen mit den wundersamen Fähigkeiten, Wasser und Nährstoffe speichern und bei Bedarf an die Pflanzenwurzeln wieder abgeben zu können. Wobei die Pflanzennährstoffe gleich in doppelter Weise in Vorrat genommen werden: als wassergelöste Mineralsalze in den haarfeinen Zwischenräumen des Bodens und den noch viel feineren Molekularstrukturen des Tons und als Nährhumus, halbverdaute Pflanzenreste – Dörrobst sozusagen für schlechte Zeiten.

Wer mit liebevollem Interesse seinen Boden untersucht, dem drängen sich naheliegende Fragen auf: Woher kommt die dunkle Farbe, woher der typische Bodengeruch? Die dunkelbraune bis schwarze Farbe des Humus macht recht anschaulich, daß der Abbau von pflanzlichen Substanzen im Boden eigentlich eine Art kalte Verbrennung ist. Hier wie dort sind die Endprodukte Kohlendioxid (ein Gas, das aus der Luft von den lebenden Pflanzen wieder aufgenommen wird) und Mineralstoffe als Asche oder im Wasser gelöst. Nur halbverbrannte, verkohlte Pflanzenstoffe (vor allem Lignin oder Holzstoff) sind sowohl als Produkt des Feuers als auch der organischen Zersetzung sehr dunkel gefärbt. Als Holzkohle kann man solche Reste noch weiter verbrennen. Und auch die dunklen Humusstoffe können teilweise noch weiter abgebaut werden, dienen daher als Nährstoffreserve.

Ein wichtiges Abbauprodukt im Boden ist die Huminsäure, deren braune Farbe besonders schön in Moorgewässern zu sehen ist. Auch sie entsteht aus dem Lignin, das in vielen pflanzlichen Zellwänden enthalten ist. Huminsäure trägt nicht nur zur Dunkelfärbung des Bodens bei, sondern

auch zu der besonders wichtigen Krümelbildung, indem sie sich mit Kalk zu schwerlöslichen Calcium-Humaten verbinden, die kleinste Bodenteilchen zu größeren Krümeln verkleben.

Eine ähnliche Wirkung haben die lebenden und abgestorbenen Bakterienkolonien und die zum Teil mikroskopisch feinen Pilzgeflechte, also jene Organismen, die die entscheidenden Abbauleistungen im Boden vollbringen. Auch sie verwandeln die tote Mischung kleinerer und größerer Mineralbestandteile (Schluff, Sand und Steinchen) in locker zusammenhaltende größere Strukturen (Krümel). Der Boden bekommt dadurch erst sein Gefüge (man spricht auch von Bodengare und im Zusammenhang mit den Wirkungen der Bodenorganismen von Lebendverbauung).

Welch positive Folgen das hat, erkennen Sie sofort, wenn Sie nach einem Platzregen einen humusreichen mit einem toten Boden vergleichen: Der tote Boden gleicht einem Brei, der später mit Rissen trocknet, während der belebte Boden weitgehend seine Form bewahrt und damit weiterhin Luft und Wasser in einer für Pflanzen nützlichen Weise aufnehmen und speichern kann. Der angenehme Geruch eines solchen Humusbodens rührt hauptsächlich von bestimmten Strahlenpilzen her, die an all diesen Prozessen wesentlich beteiligt sind. Man kann also auch schon am Duft die Güte eines Gartenbodens erkennen.

Gründüngung dient der Beschattung und Durchwurzelung des Bodens; hier Senf in drei Altersstufen.

Bodenverbesserung

Verglichen mit dem, was die Natur selbst durch Pflanzen und Bodenorganismen zur Bodenverbesserung tut, ist das, was wir als Gärtner dazu beitragen können, recht dürftig. Als Maßnahmen der Bodenverbesserung gelten ziemlich grobe Eingriffe, wie die Entwässerung staunasser Böden (Drainage oder Dränung), das Einbringen von Sand oder Torf in schwere, von Tonerde in sandige, von Kalk in torfige Böden. Auch die Lokkerung des Unterbodens durch Tiefpflügen oder Rigolen (eine Art doppelten Umgrabens, auch Holländern genannt) gehört zu den bodenverbessernden Arbeiten, die im Gegensatz zu den bodenpflegenden nur einmal oder höchstens in vieljährigen Abständen durchgeführt werden.

Größere Maßnahmen zur Bodenverbesserung läßt man besser durch Gartenbaubetriebe ausführen, schon weil sie oft mir umfangreicheren Bodenbewegungen verbunden sind, die man besser den Maschinen überläßt. In Eigenleistung können wir aber etwa den Säuregrad des Bodens (siehe oben) verbessern. Ist er zu sauer, so arbeiten wir kohlensauren Kalk ein. Man rechnet etwa 15 kg je 100 m², um den pH-Wert um eine volle Zahl zu erhöhen. Im umgekehrten Fall muß man auf Torf zurückgreifen (den wir sonst nicht empfehlen möchten): Mit 1–2 Ballen Torf je 100 m² läßt sich der pH-Wert senken. Im übrigen sollte man bei sehr kalkhaltigen Böden saure Mineraldünger verwenden.

Es gibt auch »sanfte«, oder »natürliche« Arten der Bodenverbesserung, die schon zur Bodenpflege überleiten, jedoch nicht ständig wiederholt werden. Dazu gehört die Bodenerschließung und Unterbodenlockerung (teilweise auch die Gründüngung, siehe unten) mit dafür geeigneten, extra angebauten tiefwurzelnden Pflanzen, wie Luzerne, Lupine, Senf, Raps, Phacelia, Rotklee. Mehrjährige Arten entfalten ihre bodenverbessernde Tiefenwirkung erst im Verlauf von 2–3 Jahren. Unter der Bezeichnung »Grünhumus«, »Grün aktiv«, »Schnellgrüner« und »Gartendoktor« gibt es entsprechende Samenmischungen im Handel. Sie eignen sich besonders für neue Gärten zur Erstbegrünung.

Bodenpflege

Bei der Bodenpflege gehen wir weniger radikal vor. Hier versuchen wir mehr die Natur nachzuahmen oder zu fördern. Bodenpflegende Arbeiten müssen außerdem in kürzeren oder längeren Abständen wiederholt werden, mindestens jährlich. Sie gehören zu den wichtigsten, ständigen Aufgaben des Gärtnerns.

Umgraben und Hacken gelten zwar als klassische Methoden der Bodenpflege, sind aber eigentlich die am wenigsten natürlichen. Am ehesten entsprechen sie noch den Tätigkeiten von Wühlmaus und Maulwurf. Unsachgemäß durchgeführt, können sie durchaus auch zu Störungen des Bodenlebens führen. Gerade das Umgraben stellt einen erheblichen Eingriff in die Bodenschichtung dar. Davon muß sich die Lebensgemeinschaft des Bodens erst wieder erholen. Trotzdem kann man nicht ganz darauf verzichten, da es die wirksamste Methode ist, den Boden auch in tieferen Bereichen zu lockern und zu durchlüften und Unkraut unter Kontrolle zu halten. Man sollte sich aber darauf beschränken, nur einmal im Jahr – im Herbst – umzugraben.

Gutes Werkzeug macht die Arbeit zum Vergnügen: Der Sauzahn lockert den Boden auch zwischen den Pflanzreihen.

Auch bei der viel schonenderen, nur oberflächlichen Bodenbearbeitung mit Hacke, Grubber oder Krail soll man nichts übertreiben. Sie dient einerseits dazu, Unkraut in Schach zu halten, andererseits dazu, die starke Wasserverdunstung durch die feinen Kapillaren im Sommer zu mindern. Besonders dankbar für solche Bodenpflege sind Spinat, Sellerie, Buschbohnen und Rettich.

Eine ganz der Natur nachempfundene Methode der Bodenpflege ist das Mulchen. Dabei wird der Boden mit einer immer wieder erneuerten Schicht von zerkleinertem organischem Material bedeckt: mit Rasenschnitt, Rohkompost, Stroh, gehäckselten Zweigen, Rindenmulch, Hobelspänen oder sogar mit Pappe oder Papier. Eine solche Mulchschicht entspricht der Streuschicht des Waldes, schützt den Boden vor Witterungseinflüssen, hält ihn bis an die Oberfläche feucht, krümelig, humos, fördert ein reiches Bodenleben, liefert ständig Nährstoffe nach und unterdrückt in erheblichem Maße das Aufkommen von Unkraut. Im Frühjahr sollte man jedoch nicht zu früh mit dem Mulchen beginnen, da sich der Boden ohne Bedeckung schneller erwärmt.

Mulchen kann Hacken vollständig oder weitgehend ersetzen. Da es gleichzeitig düngende Wirkung hat, trägt es ganz erheblich zur Steigerung der Erträge bei: im Vergleich zu unbedeckten Böden lieferten gemulchte Kulturen im Durchschnitt 37% mehr Ertrag. Besonders dankbar für Bodenbedeckung sind (nach Ergebnissen des Instituts für Sonderkulturen der Universität Leipzig):

Porree (Lauch)	Mehrertrag 64%
Spinat	Mehrertrag 46%
Rettich	Mehrertrag 41%
Gurke	Mehrertrag 34%
Rote Beete	Mehrertrag 31%
Schwarzwurzel	Mehrertrag 30%
Tomate	Mehrertrag 23%
Zwiebel	Mehrertrag 22%
Salat	Mehrertrag 21%
Grünkohl	Mehrertrag 17%
Sellerie	Mehrertrag 15%
Kohlrabi	Mehrertrag 14%
Radieschen	Mehrertrag 3%

Mulchen wird auch als Flächenkompostierung bezeichnet, da hier grundsätzlich das gleiche geschieht wie im Komposthaufen. Gegenüber der Haufenkompostierung hat es einen bedeutenden Vorteil: Man spart sich die recht mühsame Arbeit des Umsetzens und Siebens. Allerdings müssen die organischen Abfälle, besonders zur Bodenbedeckung zwischen Gemüse, genügend zerkleinert sein. Unter Beerensträuchern, die ebenfalls eine Bodenbedeckung mit deutlichen Mehrerträgen honorieren, kann auch gröberes Material verwendet werden.

Je feiner das Mulchmaterial, desto leichter läßt es sich zwischen die Pflanzen ausstreuen; es verrottet dann auch rasch.

Der Boden

Kompost und Düngung

Pflanzen leben im wahrsten Sinn von Luft und Wasser – und von der Energie des Sonnenlichts. 70–98% des Frischgewichts von Pflanzen sind reines Wasser. Die Trockensubstanz besteht zur Hälfte aus Kohlenstoff, und den beziehen die Pflanzen aus der Luft. Weitere 30% der Trockensubstanz entfallen auf die Elemente Sauerstoff und Wasserstoff, die ebenfalls aus Wasser und Luft stammen. Nur ein Fünftel des Trockengewichts setzt sich aus jenen Mineralstoffen zusammen, die man landläufig als Pflanzennährstoffe bezeichnet. Auf das Frischgewicht bezogen, entspricht das nur einem Gewichtsanteil von rund 4%.

Da sich der Gärtner (und noch mehr der Bauer) um Licht, Luft und Wasser nur wenig zu kümmern braucht, bemüht er sich vor allem um jene Stoffe, die eigentlich eher das »Salz« in der Pflanzenernährung sind, um Stickstoff, Phosphor, Kalium und andere anorganische Stoffe, die tatsächlich als im Wasser gelöste Salze von den Pflanzen aufgenommen werden. Und weil man heute diese Stoffe so bequem und konzentriert aus der Tüte (als »Kunstdünger«) verstreuen kann, tut mancher da des Guten allzu viel: Fast alle Gartenböden sind völlig überdüngt.

In der Natur (die immer unser Vorbild sein muß) sind einige dieser für Pflanzen lebensnotwendigen Mineralstoffe tatsächlich Mangelware. Vor allem Stickstoff ist vielfach knapp, obwohl er in der Luft in Mengen vorkommt, allerdings in einer Form, mit der Pflanzen nichts anfangen können. Nur einige Bodenbakterien beherrschen die Kunst, den reaktionsträgen Luftstickstoff in wasserlösliche und damit auch für Pflanzen brauchbare Verbindungen umzuwandeln. Mit großem Energieaufwand kann das auch die Technik. und seitdem leiden unsere Böden und Gewässer eher an zuviel Stickstoff.

Ein gut organisierter Kompostplatz ist eine Quelle der Fruchtbarkeit und Freude. Hier die zwei Möglichkeiten Kompost vor der Verwendung fein zu sieben.

Verrotteter Rindermist gehört zu den schonendsten Düngern. Man bringt ihn breitflächig aus und arbeitet nur lose ein.

Bei der Verwendung von Mineraldüngern im Garten ist also größte Zurückhaltung angesagt. Vor allem die sogenannten Volldünger (»Blaukorn« usw.) enthalten mehr Phosphat und Kali, als die Pflanzen auf die Dauer brauchen. Diese Stoffe sammeln sich, im Gegensatz zum leicht auswaschbaren Stickstoff (als Nitrat oder Ammonium), im Boden an und können dann einem harmonischen Pflanzenwachstum durchaus hinderlich sein.

Das sieht bei organischen Stickstoffdüngern schon etwas anders aus. Hier kommen vor allem Mist, Blutmehl und Hornmehl infrage. Bei diesen Naturprodukten ist der Anteil an Phosphor und Kali meist ausgewogener, und der Stickstoff ist zum Teil noch organisch gebunden und daher nicht so leicht auswaschbar. Eine Stickstoff-Überdüngung ist aber auch mit Mist und Jauche möglich, wenn man zuviel des Guten tut.

Die in jeder Hinsicht harmonischste Düngung ist die mit Komposterde. Da kann man praktisch nichts falsch machen. Außerdem ist Kompostierung die ideale und natürlichste Art der Abfallverwertung – gleichgültig ob als Flächenkompostierung auf Beeten und Baumscheiben oder als Haufenkompostierung.

Gute Komposterde in ausreichenden Mengen zu produzieren, ist keine Hexerei – wenn man einige Grundtatsachen kennt und berücksichtigt. »Composere« heißt zusammensetzen – und darauf kommt es an: auf die richtige Zusammensetzung. Vier Bestandteile sind es vor allem, die in einem ausgewogenen Verhältnis stehen sollten: Kohlenstoffträger, Stickstoffträger, Wasser (Feuchtigkeit) und Luft (Durchlüftung). Als Kohlenstoffträger kann man alle pflanzlichen Abfälle bezeichnen, einschließlich Stroh, Holz, Papier und Baumwollprodukten.

Der Boden

Diese Materialien enthalten nur sehr wenig Stickstoff (im Gegensatz zu Rasenschnitt und frischen Gemüseabfällen). Den aber brauchen die Bakterien, die sich der Schwerarbeit unterziehen, diese zähe Kost umzusetzen. Darum muß man ausreichend tierische Abfälle zugeben, die reich an Stickstoff sind: Mist oder Jauche, Federn und Haare, Blut und Eingeweide. (Trockenmist, Guano, Blut-, Horn- und Knochenmehl gibt es auch zu kaufen.)

Das rechte Verhältnis von Luft und Wasser bekommt man bald ins Gefühl: Ein Kompost soll nie trocken und nie naß sein, sondern feucht wie ein ausgepreßter Schwamm. Das läßt sich durch Gießen einerseits und Schutz vor Regen andererseits direkt steuern. Indirekt aber auch dadurch, wie luftig man seinen Haufen hält. Ein zusammengesackter Komposthaufen neigt zu Staunässe und Fäulnis. Darum: Nicht höher als 1 m stapeln, eventuell gröbere Zweige einbauen und nach 3–4 Monaten umsetzen.

Sie können Ihren Komposthaufen frei oder in einem Behälter aufsetzen. Ein Behälter empfiehlt sich schon wegen der besseren Ordnung und der geringeren Gefahr des Zuwucherns durch Brennesseln und andere Kräuter. Es muß aber nicht das teuerste Modell aus dem Gartencenter sein. Ein einfacher Verschlag aus 3–4 Pfosten und quer angenagelten Brettern reicht auch; oder ein Rund aus starkem Maschendraht. Mehr als 1 m Durchmesser sollte der Behälter nicht haben, wegen der Luftzufuhr im Kern.

Es gibt viele Kompostzusätze zu kaufen. Nötig sind sie alle nicht. Stattdessen sollte man ab und zu eine Schaufel Gartenerde, auch mal etwas Holzasche oder kohlensauren Kalk zusetzen. Recht nützlich können auch Steinmehle und Tonerden sein.

Ein Kompostsilo ist praktisch und sieht immer ordentlich aus.

Bei gelungener Komposition sollte Ihr Komposthaufen bald warm werden, von vielen roten Regenwürmern (Mistwürmern) wimmeln, angenehm riechen und im Sommer schon nach 3–4 Monaten die erste schwarze Komposterde liefern. Mit einem Durchwurfsieb trennen Sie das Erdige vom noch Unverrotteten. Ganz frischen Kompost sollte man nicht direkt an Pflanzenwurzeln (in Pflanzlöcher) geben, sondern im nahen Umkreis der Pflanzen leicht in den Boden einarbeiten. Gut gereifte Komposterde eignet sich aber hervorragend als Pflanz- und Saaterde.

Merke: Mit Mulch und Kompost sind Sie immer auf der sicheren Seite – auf der Seite der erfahrenen Natur.

Nährstoffbedarf der Gemüsearten

Höchsterträge sind im Hausgarten weder nötig, noch wünschenswert, da bei den letzten Leistungssteigerungen die Qualität immer auf der Strecke bleibt. Allein mit Kompost kann man praktisch sämtliche Gemüsearten in bester Qualität und ausreichender Menge erzeugen. Manche Fachleute sprechen sogar schon von einer Überdüngung der Gärten mit Kompost.

Wer nun aber für den Kompost keine Zeit oder keinen Sinn hat, der sollte zumindest bestrebt sein, mit käuflichen organischen Düngern dem Boden das zurückzugeben, was wir ihm mit der Ernte entzogen haben. Sie haben gegenüber den mineralischen Düngern den Vorteil, langsamer umgesetzt zu werden und damit für die Pflanzen verträglicher zu sein. Sie werden auch kaum ins Grundwasser ausgewaschen.

Wem diese organischen Dünger zu teuer oder sonstwie unsympathisch sind, oder wer unbedingt seinem Nachbarn zeigen muß, daß er die größten Kartoffeln hat, dem sei die folgende Tabelle gewidmet:

Starkzehrer: Blumenkohl, Brokkoli, Gurke, Kopfkohl, Rhabarber, Rosenkohl.

Zusätzlich zu Mist / Kompost: ca. 100 g/m² mineralischen Volldünger (möglichst in zwei Gaben); ohne Mist/Kompost: um 140 g/m².

Mittelzehrer: Aubergine, Chicorée, Chinakohl, Endivie, Grünkohl, Knollenfenchel, Kohlrabi, Kopfsalat, Mangold, Möhre, Porree, Rettich, Rote Rübe, Sellerie, Spinat, Tomate, Zwiebel.

Zusätzlich zu Mist / Kompost im Vorjahr: 50–90 g/m² mineralischen Volldünger; ohne Mist/Kompost: 70–120 g/m².

Schwachzehrer: Bohne, Erbse, Feldsalat, Radieschen.

Zusätzlich zu Mist / Kompost im Vorjahr: nichts; ohne Mist/Kompost im Vorjahr: 20–40 g/m² mineralischen Volldünger.

Noch ein Tip: Wer mit Mineraldüngern (Kunstdüngern) wirtschaftet, sollte alle 2–3 Jahre eine Nährstoffanalyse seines Bodens machen lassen (siehe S. 12), da sonst die Gefahr der Überdüngung vor allem mit Kali und Phosphor besteht.

Nährstoffgehalte organischer Dünger

Dünger			Gehalt in %		
	N	P_2O_5	K_2O	Ca	organische Masse
Blutmehl	10–15	1,3–1,5	0,7–0,8	0,8	65
Guano	6–8	11–13	0,4–2,5	15–20	40–50
Holzasche	–	2–4	6–10	30	–
Hornmehl, Hornspäne	9–14	4–8	–	6–7	70–80
Hühnermist	1,6	1,5	0,9	3	25–30
Klärschlamm	0,4	0,2	0,2	2–3	20–25
Knochenmehl	3–5	20–30	0,2	30	–
Pferdemist, frisch	0,5	0,3	0,4	0,2	30
Rindermist, frisch	0,4	0,2–1,6	0,5–4	0,5–3	20–40
Rindermist, trocken	1,6	1,5	4,2	4,2	45
Rizinusschrot	5	0,3	0,4	1	40

Praktisch soll er sein

Ein Nutzgarten muß in erster Linie praktisch sein. Das schließt keineswegs aus, daß er auch dem Auge wohlgefällig sei – wozu im nächsten Kapitel einiges zu sagen sein wird. Spaß macht die Arbeit im Gemüsegarten nur dann, wenn alles eine gewisse Ordnung hat, wenn die Dinge griffbereit und leicht erreichbar sind, wenn man sich unnötige Wege ersparen kann, wenn man sich nicht ständig über mangelnde Bewegungsfreiheit, über Erdklumpen an den Schuhen und andere Tücken des Objekt ärgern muß. Darum sollten wir unser Kräuter- und Gemüsegärtchen von Anfang an richtig einrichten.

Wenn Sie sich für einen geeigneten Platz entschieden haben (wobei Ihnen das erste Kapitel vielleicht helfen konnte), dann kann es wohl sein, daß an dieser Stelle bereits ein Rasen grünt. Da mag nun mancher auf die Idee kommen, einfach zum Spaten zu greifen und mit dem altbewährten Umgraben zu beginnen. Davon kann ich nur abraten. Denn zum einen ist das ein schweres Stück Arbeit und zum andern Sie schaffen Sie damit ideale Bedingungen für einen prächtigen Unkrautflor. Die weißlichen Ausläufer von Quecken (einer Grasart) sind nur eine von vielen Tricks, mit denen sich Wiesenpflanzen beim Umgraben in Sicherheit bringen können. (Darum trägt man normalerweise die Rasenschicht samt Wurzeln ab und gräbt erst dann um – eine doppelt schwere Arbeit.)

Viel bequemer und wirksamer wandeln Sie Ihr Wiesenstück in nahezu unkrautfreien Gartenboden um, wenn Sie im Frühjahr, bevor das Gras richtig zu wachsen beginnt, auf die

Wenn man alles zur Hand hat, was man zur Gartenarbeit braucht, dann macht sie Freude.

Praktisch soll er sein

ausgewählte Fläche eine schwarze Mulchfolie breiten. Sie muß nicht nur an den Kanten, sondern auch auf der Fläche vielfach beschwert werden, da sonst der Wind sein übles Spiel damit treibt. Nach 2–3 Monaten können Sie die Plane entfernen und werden einen von Regenwürmern (und Wühlmäusen?) durchlöcherten, praktisch unkrautfreien Boden vorfinden, den Sie nur noch oberflächlich zu bearbeiten brauchen, sofern die Spatenprobe (S. 10) einen einigermaßen erschlossenen Untergrund aufweist. Ist das nicht der Fall, können Sie zwischen der biologischen Methode (Anbau von Gründüngungspflanzen, S. 16) und der mechanischen (Umgraben) wählen.

Wege

Dann geht es um die Anlage unseres Gärtchens im eigentlichen Sinne. Schon bei einer Größe von 5 × 10 m empfiehlt es sich, einen befestigten Mittelweg anzulegen, der den Gemüsegarten der Länge nach erschließt. Er sollte so breit sein, daß Ihr Schubkarren gut Platz hat, also mindestens 50–55 cm. Von diesem Mittelweg aus können dann einfache Pfade im Abstand von 120 cm den Zugang zu den Beeten herstellen. Breiter als 120 cm sollte man Beete nicht anlegen, da die Reichweite von jeder Seite aus 60 cm nicht überschreiten sollte. Randbeete, die nur von einer Seite aus erreichbar sind, sollten daher entsprechend schmaler sein. Wer seinen Garten ganz genau nach diesen Maßen bemessen will, der wählt von Anfang an

Viele Wege führen zum Ziel: Rindenmulch oder Splitt mit Buchseinfassung, Ziegel lose oder vermörtelt, Lattenroste, Betonplatten und anderes.

Praktisch soll er sein

eine Länge, die sich teilen läßt in die gewünschte Zahl von Rand- und Hauptbeeten mit den dazugehörigen Wegen. Z. B.: Vier Hauptbeete und zwei Randbeete mit 30 cm breiten Wegen ergeben zusammen eine Länge von 7,50 m.

Je nach Geschmack, trampelt man nur eine Spur, legt Bretter aus, oder befestigt auch die Nebenwege auf Dauer mit Stein- (Beton-)platten, freilich nur halb so breit wie den Mittelweg. Ganz Penible verwenden für alle Wege Betonplatten mit hochgezogenen Seiten, damit die Erde im Beet und die Wege sauber bleiben.

Bereits bei der Einteilung der Beete und Wege muß entschieden sein, ob der Garten eingezäunt werden soll oder nicht, denn mit einem Zaun können alle Randbeete nur von einer Seite aus bearbeitet werden und müssen entsprechend schmal sein. Ein Zaun ist aber nur dann nötig, wenn Hunde, Katzen, Hühner oder Kinder ferngehalten werden sollen. Die Art des Zauns richtet sich ganz nach Zweck und Geschmack. Vom einfachen Maschendraht bis zu stabilen Holzkonstruktionen gibt es viele Möglichkeiten. Dabei sollte man auch bedenken, daß ein solider Zaun zusätzlich als Rankgerüst für Erbsen, Stangenbohnen, Wicken und als Anbindemöglichkeit für Tomaten dienen kann.

Einfassungen

Ob Zaun oder nicht, eine vernünftige Einfassung des Gemüsegartens ist in jedem Fall zu empfehlen. Das sieht nicht nur sauberer aus, sondern schützt auch unsere Kulturen vor eindringenden Unkräutern und »Untieren«.

Besonders wirksam in dieser Hin-

sicht sind etwa 20 cm in den Boden eingelassene Platten aus Stein, Beton, Blech oder Kunststoff. Wo es viele Schnecken gibt, sollte man die Umrandung gleich in Form eines Schnekkenzaunes ausführen. Das ist ein 30–50 cm breiter (verzinkter) Blechstreifen, der an einer Längsseite im spitzen Winkel umgebogen ist. Diese

Ein schlichter Holz-
zaun ist schön und
praktisch; ein
Schneckenzaun aus
Blech nur praktisch.

Streifen werden zur Hälfte im Boden versenkt, wobei die umgebogene Kante nach oben und außen weist. Schnecken können dieses Hindernis nicht überwinden.

Einfassungen aus Holz (liegende Eisenbahnschwellen, stehende Rundhölzer, starke Bretter) können sehr hübsch aussehen, haben aber z. B. auf Schnecken eher anziehende Wirkung. Sie verbringen in den Spalten zwischen Holz und Boden geschützt den Tag, legen hier auch bevorzugt ihre Eier ab und kriechen ohne Schwierigkeit darüber hinweg.

Auf die Möglichkeiten lebender Einfassungen wird im nächsten Kapitel hingewiesen.

Praktisch soll er sein

Geräte
und ihre Aufbewahrung

Für einen kleinen Küchengarten lohnt sich kein eigener Geräteschuppen. Im eigenen Interesse sollte man aber für eine geeignete Unterbringung sorgen, denn nichts kann einem die Freude am Garten mehr verderben, als wenn ständig das gerade benötigte Werkzeug nicht auffindbar oder in einem verwahrlosten Zustand ist. Wenn Sie schon keinen geschlossenen Raum (Garage, Keller) in der Nähe Ihres Küchengartens haben, wo Sie Ihre Gartengeräte unterbringen können, so sollten Sie wenigstens einen geschützten Platz an einer Hauswand dafür finden. In eine quer angedübelte Dachlatte schlagen Sie einfach mehrere kräftige Nägel (oder Schrauben) paarweise so ein, daß sie noch etwa 5 cm herausstehen. Da kann man beinah alle Geräte ordentlich aufhängen – natürlich erst, nachdem man sie gesäubert hat.

Die wichtigsten Gartengeräte für den Küchengarten sind Grabgabel und Spaten (jeweils mit T-Griff) in stabilster Ausführung für schwerere Bodenbearbeitung und dann vor allem verschiedene Geräte für die feinere Bodenbearbeitung: eine Ziehhacke, einen Sauzahn, einen dreigliedrigen Kultivator, einen Eisenrechen. Vielseitig verwendbar ist auch der Krail mit vier nicht zu langen Zinken. Recht praktisch ist auch ein Hand-Häufelpflug zum Anhäufeln von Reihen.

Für gerade Reihen empfiehlt sich eine Gartenschnur mit zwei Steckhölzern; ein Setzholz (heute meist aus Metall) erleichtert das Pflanzen und kann auch (neben dem Sauzahn) zum Rillenziehen verwendet werden. Selbstverständlich brauchen Sie auch mindestens eine Gießkanne, die je

Grabgabel

Spaten

Sauzahn (SZ-Wühler)

Löwesschere

Stahlrechen

Rosenschere

Pflanzschnur

Verschiedene Handkultivatoren (Grubber)

nach Ihren Kräften 8–12 Liter fassen und aus leichtem Kunststoff oder schwerem (aber haltbaren) Blech sein kann.

Wasserversorgung

Für Perioden längerer Trockenheit muß man schließlich auch in unserem eher regenreichen Klima gerüstet sein. Denn unsere verwöhnten Kulturpflanzen reagieren auf Wassermangel oft mit lang nachwirkenden Wachstumsstockungen, mit zähem und holzigem Gewebe.

Die beste Wasserquelle für den Garten ist ein Bottich, der mindestens soviel Liter fassen sollte, wie der Garten an Quadratmetern mißt. Außerdem sollte er möglichst mitten im Garten stehen, damit Sie keine langen Wege mit dem Wasser haben.

Wenn sich an Ihrem Wohnort die Luftverschmutzung noch einigermaßen in Grenzen hält, dann sollten Sie das Regenwasser Ihrer Dachrinne anzapfen. (Mit dem auf S. 12 erwähnten Indikatorpapier können Sie messen, wie sauer Ihr Regenwasser ist; es sollte nicht weniger als pH = 6 haben.) Sie können Ihren Wasserbottich aber notfalls auch mit Leitungswasser füllen. Wichtig ist nur, daß das Gießwasser immer genügend abgestanden und temperiert ist.

Bequem, aber im allgemeinen nicht zu empfehlen, ist das Spritzen mit dem Gartenschlauch. Einmal ist das kalte, tote Wasser aus der Leitung nicht gut für die Pflanzen, zum andern passiert es immer wieder, daß man mit dem schleifenden Schlauch Pflanzen umlegt oder beschädigt. Vielfach verschlämmt auch der Boden durch unsachgemäßes Spritzen.

Gemüse braucht viel Wasser. Darum gehört ein zentral gelegener Bottich mit stets abgestandenem Wasser zum wichtigsten Zubehör.

Praktisch soll er sein

Der Kompostplatz

Oft fallen doch größere Mengen an organischen Abfällen aus Küche und Garten an. Dann kommt auch der begeistertste Anhänger des Mulchens in Schwierigkeiten. Deswegen sollte man an einem schattigen Platz möglichst in der Nähe des Küchengartens wenigstens einen kleinen Kompostsilo vorsehen. Näheres dazu steht auf S. 20. Einen Tip noch: Wenn Sie im Herbst mit Fallaub und Staudenschnitt die Kapazitätsgrenzen Ihres Kompostbehälters überschreiten, dann lagern Sie das Material den Winter über auf Beeten und unter Büschen und räumen es erst im Frühjahr ab. Bis dahin ist alles schon etwas zusammengefallen.

Frühbeet und Folie

Wenn man sich während des Sommers an die frischen, knackigen Salate und Gemüse aus Eigenproduktion gewöhnt hat, fällt es ganz besonders schwer, im Winter auf die geschmacksneutralen Erzeugnisse der Massenproduktion umzusteigen. Wer möchte da nicht auch in der kalten Jahreszeit gärtnerisch aktiv werden! Ein kleines Gewächshaus wäre sogar im Reihenhausgarten denkbar. Das ist aber ein Thema für sich, das in einem eigenen Buch behandelt werden soll. Viel einfacher ist es, mit Frühbeet und Folie wenigstens dem Spätwinter ein Schnippchen zu schlagen. Auch im kleinsten Küchengarten kann ein Frühbeet Platz haben. Damit kann man das ungeduldige Warten auf die ersten frischen Radieschen und Salatköpfe verkürzen.

Das Prinzip des Frühbeets ist bekannt: Ein mit Glas oder durchsichtiger Folie abgedeckter Kasten erwärmt sich dadurch, daß das eingestrahlte Sonnenlicht in Wärme umgewandelt

wird, die aufgrund ihrer größeren Wellenlänge nicht mehr zurückstrahlen kann. Der sogenannte Gewächshauseffekt ist also eine Art Strahlenfalle. Hinzu kommt, daß die Wärme durch die gestaute Luft und die isolierenden Wände auch nicht so leicht auf andere Weise entweichen kann. Bei kräftigem Sonnenschein müssen wir sogar darauf achten, daß es in unserem Frühbeet nicht zu heiß wird – selbst wenn die Februarluft draußen noch stark an den Winter erinnert.

Man unterscheidet beim Frühbeet zwischen »Mistbeet« und »Kaltem Kasten«. Beim Mistbeet wird der Boden auch noch von unten beheizt, indem man unter die humusreiche Bodenschicht eine 20–30 cm dicke Pferdemistpackung einbringt, deren Bakterienleben so rege ist, daß das Thermometer deutlich um einige Grade ansteigt. Weil das aber doch eine ziemlich mühsame Arbeit ist – und

Ein Frühbeet mit ganz gewöhnlichen Fenstern ist billig und schnell gemacht, aber es erfordert viel Aufmerksamkeit.

Mit einem automatisch lüftenden Frühbeet muß man bei wechselndem Wetter nicht ständig auf dem Sprung sein.

mauerten Werk für Jahrzehnte. Wichtig ist, daß die Oberkante des Frühbeets mindestens 20 cm über der Bodenoberfläche liegt. Je dichter die Abdeckung überm Boden liegt, desto stärker sind die Temperaturschwankungen, desto größer ist die Gefahr, daß die Pflanzen verbrennen. Die Höhe Ihrer Frühbeetumrandung hängt auch davon ab, ob Sie nur Jungpflanzen anziehen, der ob Sie aus dem Frühbeet auch Kohlrabi, Basilikum oder gar Paprika ernten wollen. Als praktisch hat sich eine Höhe von 20–25 cm vorne und 30–40 cm hinten erwiesen. Die Neigung nach vorne und Süden verbessert die Sonneneinstrahlung und erleichtert den Wasserablauf. Ein einfacher Holzrahmen isoliert zwar nicht so gut wie eine stabilere Konstruktion, er hat aber den Vorteil, daß man ihn als »Wanderkasten« auf verschiedenen Beeten einsetzen kann.

man ja auch nicht unbedingt schon zum 1. März den ersten Salatkopf ernten muß – verzichte ich auf eine nähere Beschreibung des Mistbeets.

Für die Konstruktion eines Frühbeetes gibt es recht verschiedene Möglichkeiten. Das reicht vom tragbaren Bretterrahmen bis zum festge-

Im Gartencenter bekommt man das Zubehör für eine Frühbeet-Leichtkonstruktion: Metall- oder Kunststoffrahmen und durchsichtige Folien für den Folientunnel. Noch einfacher ist die mitwachsende Schlitzfolie, deren wachstumsbeschleunigende Wirkung Sie dem Foto entnehmen können.

Ein Folientunnel und die mitwachsende Lochfolie sind zwei Möglichkeiten, das Gemüsejahr etwas vorzuverlegen.

Hübsch
soll er sein

Manche Leute schrecken vor einem
kleinen Nutzgarten nur deshalb zurück, weil sie fürchten, ihren schönen
Ziergarten damit zu verunstalten. Sicher möchte heute niemand mehr
seinen Rasen in einen Kartoffelacker
umwandeln. Aber ein paar Kräuter-
und Gemüsebeete haben allemal
Platz und können so hübsch aussehen, daß sie eher eine Bereicherung
des Gartens darstellen.

Entscheidend dafür, wie harmo-
nisch sich der Küchengarten in den
übrigen Garten einfügt, sind die eingangs angestellten Überlegungen zum
Wo und Wie. Dann aber ist es vor allem eine Frage der Bepflanzung und
der liebevollen Pflege, ob ein Nutzgarten zum Schandfleck oder zur
Zierde wird.

Überhaupt kein Problem macht die
Kräuterecke. Die allermeisten Gewürzkräuter können sich in Gestalt
und Blüte durchaus neben so manchen Ziergewächsen sehen lassen.
Und Kräuterbeete lassen sich herrlich
in Form eines Steingartens, als Terras-
senbegrenzung, an der Hauswand
oder in verschiedenen Gefäßen auf
unterschiedlichen Ebenen anlegen.
Selbst ein häßlicher Betonring kann
zum hübschen runden Kräuterbeet
werden, mit herabhängendem Thymian und blühendem Salbei.

Man sollte freilich reiflich überle-
gen, ob man die Kräuter aus dem
eigentlichen Gemüsegarten ausquar-
tiert. Denn die Mischung von Gewürz
und Gemüse tut nicht nur unserem
Magen, sondern auch dem Gedeihen
des Gemüses – und unserem Auge
wohl. Man kann aber auch beides tun:

Die meisten Gärten werden mit zunehmendem
Alter immer schöner.

33

Hübsch soll er sein

Eine zierende Kräuterecke nah am Haus mit dauerhaften Stauden – und Dill, Borretsch, Schnittlauch und Petersilie zwischen Salat und Kohlrabi.

Die schönsten Anregungen für eine ästhetische oder farbenfrohe Gestaltung des Nutzgärtleins können wir uns bei den alten Kloster- und Bauerngärten holen. Mönche und Nonnen hatten viel Zeit und betrachteten Gartenarbeit wohl auch nicht nur als Plackerei für den Kochtopf. Mit ihren gepflegten Kieswegen und sorgsam beschnittenen, ornamental geformten Zwergenhecken aus Buxbaum erinnern unsere alten Klostergärten gelegentlich an japanische Gärten, die ja auch mehr der religiösen Versenkung als dem leiblichen Wohle dienten. Wer sich dieser Richtung verschreiben will, der sollte wohl in einer ähnlichen inneren Haltung zu seinem Garten stehen. So etwas gedeiht nicht unter Zeitdruck und nebenher.

Der bunte Bauerngarten erscheint im Vergleich dazu als lebensnaher Kompromiß zwischen liebevoller Hinwendung und dem Zwang zu praktischer Arbeitseinteilung. Gleich-

wohl läßt er sich nicht einfach kopieren. Sein Grundkonzept ist aber auf jeden Nutzgarten anwendbar: das lebendige und farbenfrohe Miteinander von Zier- und Nutzpflanzen auf engem Raum.

Die Bäuerinnen liebten kräftige Farben und stattliche Blüten, vor allem aber setzten sie auf Zuverlässigkeit. Rosen, Phlox und Dahlien, Astern, Rittersporn und Kaiserkrone, das sind typische Blumen der Bauerngärten. Und immer wieder die beliebten hohen Marien-Glockenblumen in blau, rot und weiß. Und Tulpen und Tränendes Herz fürs frühe Jahr. An Einjährigen, die mehr Arbeit machen, findet man allenfalls Ringelblume, Cosmee und Löwenmaul.

Es wäre falsch, diese traditionellen Bauernblumen unbesehen zu übernehmen. Sie passen nicht in jede Umgebung, sind für unsere kleinen Vorstadtgärten oft zu knallig und voluminös. (Der eingezäunte Bauerngarten war klein, aber sein Umland weit.) Der Ansatz jedoch ist nachahmenswert: Machen Sie aus Ihrem Küchengarten kein Experimentierfeld für

Die niedrige Buchseinfassung stammt aus der Tradition der Kloster- und Bauerngärten. Vielleicht hat der herbe Duft auch Schädlinge ferngehalten.

Hübsch soll er sein

Auch die Malve oder Stockrose ist ein typischer Schmuck der Bauerngärten.

ausgefallene, pflegeintensive Blumen. Und verbinden Sie das Schöne mit dem Nützlichen, indem Sie etwa Studentenblumen (*Tagetes*) pflanzen, die unermüdlich blühen und auch manchen Schädling vertreiben.

Im übrigen muß jeder selbst entscheiden, was ihm gefällt und was in seinen Garten paßt. Da kann man allenfalls ganz persönliche Hinweise geben. Mir gefallen im Nutzgarten Schneeglöckchen und Winterlinge für die allererste Zeit, hohe Glockenblumen und Goldlack für den Frühsommer, Cosmosblume, Löwenmaul und Ringelblume für den Hochsommer, Astern und Lampionblumen zum Herbst. In etwas ländlicher Umgebung sind hochragende Arten wie Sonnenblumen und Stockrosen (*Malven*) sehr schön am Zaun. Auch Kapuzinerkresse und Wicken machen sich hübsch als Zaungäste. Ein kräftiger Stock Sonnenhut (*Rudbeckia*) kann eine ganze Kohlecke zum Leuchten

bringen. Ein Busch roter Phlox erinnert mich an meine Kindheit auf dem Lande, ebenso die Pfingstrose, die in keinem Bauerngarten fehlte.

Auch die Frage, <u>wo</u> die Blumen im Nutzgarten blühen sollen, muß jeder für sich beantworten. Man wird sie nicht gerade mitten ins Kohlrabibeet setzen. Höhere Arten sollten schon aus praktischen Gründen an den Rand, wo sie nicht bei der Arbeit stören, und an die Nordseite, wo sie keinen Schatten werfen. Niedrige Arten können hübsch aussehen als Einfassung des Hauptweges. Manches kann aber auch durchaus »ungeordnet« da und dort sprießen, etwa die zartgliedrige Cosmosblume oder der ebenso zierliche Dill, die einen auflockernden Schleier über die strenge Kasernenhof-Ordnung der Gemüsebeete breiten. Auch die kräftigeren Borretschbüsche mit ihren vielen blauen Blüten sollte man ruhig an mehreren Stellen kommen lassen, denn sie üben außerdem – wie Dill und andere Kräuter – eine positive Wirkung auf ihre Gemüse-Umgebung aus.

Lassen Sie mich zum Abschluß dieses ohnehin recht persönlich geratenen Kapitels noch eine persönliche Erfahrung loswerden: Eine, wenn auch noch so einfache, Sitzgelegenheit am Rande Ihres Gärtchens – ein Bänkchen, ein Gartenstuhl, ein einfaches Brett – von wo aus Sie einen hübschen Überblick haben, dient nicht nur der körperlichen Entspannung zwischendurch, sondern kann einem auch zum Ort besinnlichen Schauens werden. Und kaum etwas ist heilsamer für uns, für unsere Beziehung zur Umwelt und damit auch für die Umwelt selbst, als jene Augenblicke der Versenkung, in denen wir die Natur nicht mehr als Objekt, sondern als Wesen mit eigenen Bedürfnissen erleben.

Kräuter – ein Geschenk des Himmels

Sie gehören zu den Wundern der Natur, die aromatisch duftenden und schmeckenden Pflanzen, die Gewürzkräuter und Heilkräuter, die in vielfacher Weise nicht nur unserer Gesundheit, sondern auch der Gesundheit des Gartens dienen. Als »Apotheke Gottes« hat man sie bezeichnet, und das sind sie: ein Geschenk des Himmels. Mit ihren ätherischen Düften sind sie dem Licht und dem Kosmos besonders verbunden. Sie überwinden die Erdenschwere – vom Kümmel im Kohl bis zum Dill im Salat. Alle Gewürzkräuter sind immer auch Heilkräuter im besten, nämlich vorbeugenden Sinne. Ihre Wirkung kann man ganz allgemein als harmonisierend bezeichnen.

Ein bißchen Systematik

Erlauben Sie mir zunächst eine mehr botanische Anmerkung. Wer sich aus der Schulzeit noch ein wenig an die verschiedenen Pflanzenfamilien erinnert, dem wird auffallen, daß manche Familien uns mit einer Vielzahl von Heil- und Gewürzkräutern beschenken, andere dagegen kaum oder gar nicht im Kräutergarten vertreten sind.

An erster Stelle steht die Familie der Doldenblütler, deren Vertreter eher unscheinbare weiße oder gelbe kleine Blüten hervorbringen, sie jedoch zu strahlenden Sträußen (eben den Dolden) vereinigen. Zu ihnen gehören Anis, Dill, Fenchel, Kerbel, Koriander, Kümmel, Liebstöckel, Petersilie – und so würzige Gemüse wie Möhre, Pastinak und Sellerie. Das ist

Kräuter – ein Geschenk des Himmels

doch eine erstaunliche Zahl, wenn man bedenkt, daß mit nur etwa 100 Arten diese Familie in unserer heimischen Flora erst an siebter Stelle steht.

Auch die Familie der Lippenblütler ist reich an aromatischen und heilsamen Arten: Basilienkraut oder Basilikum, Bohnenkraut, Dost und Majoran, Lavendel, Melisse, Pfefferminze, Rosmarin, Salbei, Thymian und Ysop.

Die Korbblütler oder Asternartigen, die mit über 330 heimischen Arten unsere formenreichste Familie sind, bringen schon deutlich weniger Heil- und Gewürzkräuter hervor, etwa Arnika, Beifuß, Estragon, Kamille und Wermut.

Zwei weitere Familien schicken etwas derbere Vertreter in unsere Küchen, die Kreuzblütler oder Kohlgewächse und die Liliengewächse. Ihnen verdanken wir nicht nur die verschiedenen Kohlarten, sondern auch Gartenkresse, Löffelkraut, Meerrettich und Senf sowie Knoblauch, Schnittlauch, Porree und Zwiebel.

Alle Gewürzkräuter – ich sagte es schon – sind auch im weiteren Sinn Heilkräuter. Die Übergänge zwischen »echten« Gewürzen und »echten« Heilpflanzen sind fließend. Deswegen haben wir in unsere Tabelle von klassischen Gartenkräutern bis zur Brennessel ein scheinbares Sammelsurium vereinigt. Bei aller Subjektivität jeder Auswahl, steckt aber doch ein Prinzip dahinter: Von den Wildkräutern mit ihren vielen Heilpflanzen wurden nur solche aufgenommen, die einerseits leicht selbst anwendbar sind, andererseits einen Bezug zum Garten haben. So fehlen all die vielen Pflanzen, wie Baldrian und Eisenhut, die man erst einer mehr oder weniger ausgiebigen Bearbeitung unterziehen muß, bevor sie genießbar sind. Und es fehlen viele andere, die man besser in freier Natur

sammelt, weil sie dort häufig sind, während ihr Anbau eher problematisch ist.

Einige allgemeine Ratschläge

Für den Anbau von Kräutern im Garten mögen einige ganz allgemeine Hinweise nützlich sein. Ganz im Gegensatz zu den meisten Gemüsepflanzen, die einen fetten, nährstoffreichen Boden und viel Wasser brauchen, entfalten fast alle Kräuter eher unter kargen Bedingungen ihr kräftigstes Aroma. Der Boden für sie darf ruhig ein wenig sandig und steinig sein, und außer gelegentlich etwas reifem Kompost sollten wir ihnen keinerlei zusätzliche Dünger verabreichen. Nur die derbere Gruppe der Lauch- und Kohlgewächse macht auch in diesem Sinn eine Ausnahme, indem sie nahrhafte Bedingungen bevorzugt. Auch Basilikum und Portulak mögen es etwas reichlicher – man sieht es ihren fetteren Blättern schon an.

Keineswegs anspruchslos sind Heil- und Küchenkräuter, was Licht und Wärme anlangt. Viele stammen ja aus dem Mittelmeergebiet oder anderen warmen Regionen. Man kann sie daher in unserem Klima mit Sonne gar nicht genug verwöhnen. Die Nachbarschaft wärmespeichernder Steine tut ihnen besonders gut. Das kann eine Südwand sein, oder ein Steinbeet, oder beides. Natürlich muß man nicht übertreiben: Wüstenverhältnisse schätzen auch sie nicht. Gerade an einer trockenen Hauswand muß man schon für genügend Wasser sorgen.

Manche Arten kommen auch an der sonnigsten Südwand mit unserem Klima nicht zurecht. Mit ihnen sollte sich nur der herumschlagen, der über Frühbeet oder Gewächshaus verfügt,

Viele Kräuter behalten ihr Aroma auch im getrockneten Zustand. Wichtig ist, daß sie luftig und nicht in der Sonne rasch trocknen.

Kräuter – ein Geschenk des Himmels

oder seine Pflanzen liebevoll zwischen Garten und Wohnstube hin- und herträgt – und grundsätzlich der Qualität von Marktware mißtraut. Zu diesen heiklen Kräutern gehören von den aufgelisteten: Anis, Fenchel und Koriander, weil sie meist nicht die volle Samenreife erlangen, und es gehören dazu Französischer Estragon, Lavendel und Rosmarin, die man im Winter am besten ins Haus nimmt, also nur in Töpfen halten kann.

Ein- und zweijährige Kräuter

Die ein- und zweijährigen Kräuter müssen immer wieder neu ausgesät werden. Da gibt es freilich große Unterschiede: Boretsch und Dill säen sich – wenn man sie bis zur Samenreife stehen läßt – von selbst aus und können sich fast wie Unkräuter über den ganzen Garten verteilen. Andere brauchen viel Fürsorge und müssen teilweise im Warmen vorgezogen werden. Hier die wichtigsten Arten.

Basilikum: Diese Pflanze aus Indien ist sehr wärmeliebend. Man sät im Februar oder März in Saatschalen und pikiert die Pflänzchen gruppenweise in kleine Töpfe. Erst in der zweiten Maihälfte dürfen die Pflanzen ins Freie. Wer sie im Frühbeet kultivieren will, kann schon im April dort ansiedeln. Pflanzabstand: 25 cm. Ein warmer, humusreicher Boden und ein sonniger, geschützter Platz lassen die Pflanzen bald erstarken. Als Dünger sollte nur reife Komposterde verwendet werden. In Trockenperioden brauchen die Basilikumpflanzen reichlich Wasser. Kalten Regen mögen sie jedoch nicht. – Man verwendet die zarten Blätter frisch zu Salat, Tomaten und Käse. Während des Winters kann man Basilikum auch im Topf kultivieren.

Bohnenkraut: Sonnig und warm mag es auch das Bohnenkraut. Man kann es aber ab Mai direkt ins Gartenbeet säen, am besten in Reihen mit 25 cm Abstand; später muß auf 25 cm

Kräuter – ein Geschenk des Himmels

vereinzelt werden. Kompost genügt als Dünger. Bohnenkraut kommt mit wenig Wasser aus und sollte nur bei großer Trockenheit gegossen werden. – Die frischen Blätter können den ganzen Sommer über geerntet werden. Das beste Aroma entwickelt sich kurz vor der Blüte. Dann kann man auch ganze Büschel ernten und trocknen. Die getrockneten Blätter streift man dann ab und bewahrt sie in einem geschlossenen, möglichst lichtundurchlässigen Gefäß auf. Man verwendet Bohnenkraut nicht nur zu Bohnen, sondern auch zu allen Kartoffelspeisen. – Bergbohnenkraut ist ausdauernd und im Aroma kräftiger.

Boretsch: Diese kräftige Pflanze braucht auch einen feuchten, nahrhaften, jedoch nicht zu schweren Boden. Die verzweigten Büsche können fast einen Meter hoch werden, brauchen daher genügend Platz. Gesät wird zwischen April und Juni direkt ins Freiland. Enger als 40–50 cm sollten die Pflanzen nicht stehen. Ein Versetzen vertragen die Boretschpflanzen nicht. Die jungen rauhhaarigen Blättchen werden fortlaufend geerntet und schmecken zu allen Salaten frisch und unaufdringlich. Boretsch blüht bis in den Herbst und wird gerne von Bienen besucht. Man kann die blauen Blüten auch als eßbare Salatverzierung verwenden.

Dill: Bei genügend Bodenfeuchtigkeit und lockerer Krume gedeiht Dill üppig. Geben Sie ihm eine ständige Bodenbedeckung mit Mulch oder lassen Sie Gurken zu seinen Füßen ranken. Man sät in Reihen mit 25–30 cm Abstand oder verstreut über den ganzen Garten ab April. Die zarten, duftenden Blättchen können ständig gepflückt werden und verfeinern den Geschmack von Salaten, von Fisch-

Ein gut gehegter, artenreicher Kräutergarten ist eine Augen- und Gaumenfreude für jedermann.

speisen und Soßen. Die kümmelartigen Samen sind eine würzige Beigabe zu eingelegten Gurken.

Gartenkresse: Kresse ist anspruchslos und gedeiht auch noch im Schatten. Die roten Samen können schon ab März ins Freibeet. Reihenabstand: 10 cm. Bereits nach 10 Tagen kann man mit der Ernte beginnen. Für ständig frischen Nachwuchs sollte man alle 2–3 Wochen nachsäen. Im Winter läßt sich Kresse auch im Topf oder auf feuchtem Löschpapier ziehen. Die zarten Pflänzchen besitzen ein kräftiges Senf-Aroma, das zu Salat, Quark und Eiern paßt. Auch Butterbrot mit Kresse ist köstlich.

Knoblauch: Dieses orientalisch-maghrebinische Gewürz liebt Wärme und einen eher leichten Boden. Die einzelnen Zehen werden ab April im Abstand von 15 cm 4–5 cm tief in den Boden gedrückt. Sie tun der Gesundheit Ihres Küchengartens etwas Gutes, wenn Sie die Knoblauchpflanzen über alle Beete verteilen. Ans Ernten kann es gehen, wenn das Laub trocken wird.

Kümmel: Der Kümmel ist eine der wenigen heimischen Wildpflanzen unter den Gartenkräutern. Man findet ihn recht häufig auf feuchten Wiesen. Er gehört zu den zweijährigen Pflanzen. Im ersten Jahr wird nur eine Blattrosette gebildet, aus der im zweiten Jahr der hohe, verzweigte Stengel

Die Verarbeitung der Gartenkräuter zu Tees und Tinkturen ist eine Kunst für sich.

mit Blüten und Früchten sprießt. Gesät wird im Herbst oder April im Reihenabstand von 30–40 cm. Die Samen werden nur leicht mit Erde bedeckt. Man erntet die ganzen Dolden, wenn sich die Samen zu bräunen beginnen. Über einem Tuch läßt man sie ausreifen und bewahrt sie dann in einem Schraubglas auf.

Den etwas scharfen Geschmack von Kümmel mag nicht jeder. Er paßt zu Kohl, Fleischgerichten, Käse und Quark. Die ätherischen Öle des Kümmels machen alle Speisen leichter

Kräuter – ein Geschenk des Himmels

verträglich und vertreibt (wie Fenchelsamen) Blähungen.

Majoran: Mit dem aus dem Mittelmeergebiet stammenden Majoran hat nicht jeder Glück. Er braucht viel Sonne und Wärme und einen humusreichen, durchlässigen Boden. Ab Mai kann man aussäen, im Frühbeet schon ab März vorziehen. Die jungen Pflanzen werden zu dritt im Abstand von 10–20 cm gepflanzt. Die ausgewachsene Pflanze wird bis 50 cm hoch. Etwas robuster als der »Französische Majoran«, aber nicht so fein im Geschmack, ist der Deutsche Majoran – nicht zu verwechseln mit dem Dost oder Wilden Majoran. Man erntet die frischen Blättchen und Triebspitzen zu Braten und Geflügel, Kartoffeleintopf und Tomaten. Majoran behält sein süßlich-würziges Aroma aber auch getrocknet. Hierfür erntet man das ganze Kraut kurz vor der Blüte.

Petersilie: Petersilie gehört wie Kümmel zu den Zweijährigen. Da man aber nur ihre Blätter (und Wurzeln) benötigt, wird sie oft wie eine einjährige Pflanze behandelt. Das wenig empfindliche Kraut kann schon ab März ins Frühbeet gesät werden. Die Samen keimen langsam. Reihenabstand: 10–15 cm. Im Garten bevorzugt Petersilie leicht schattige Plätze und einen nahrhaft-humosen Boden. Bei Trockenheit muß reichlich gegossen werden. Bei Schnee kann man – weiter ernten, wenn man mit Reisig abdeckt. – Unter den verschiedenen Sorten ist die glattblättrige Bauernpetersilie besonders aromatisch und vitaminreich. Die krausen Sorten sehen dafür hübscher aus. (Wurzelpetersilie wird als gesonderte Sorte angeboten.) Petersilie sollte nur frisch genossen werden; sie paßt zu vielen verschiedenen Speisen.

Ausdauernde Kräuter

Die Zahl der ausdauernden Küchenkräuter oder Gewürzstauden ist viel größer als die der ein- und zweijährigen. Das hat seine Vor- und Nachteile. Mehrjährige brauchen grundsätzlich weniger Pflege, da man sie viele Jahre sich selbst überlassen kann. Auf der anderen Seite müssen sie den Winter überstehen, und das ist in unserem Klima für viele dieser Mittelmeerbewohner doch ein Problem. Es wird bei den einzelnen Arten zu berücksichtigen sein.

Dost: Viele Namen hat dieses stämmige Kräutlein mit den rosa Blütendolden: Origano, Wilder Majoran oder Staudenmajoran. Man findet ihn wild an sonnigen Wald- und Heckenrändern auf kalkhaltigen Böden. Im Garten siedelt man ihn am besten mit Lavendel und Thymian in steiniger Gesellschaft an. Als Pionierpflanze breitet sich der Dost durch Wurzelausläufer aus, so daß man ihn auch leicht vegetativ vermehren kann. Das sonnig-würzige Aroma der jungen Blätter und Triebspitzen gehört zu jeder Pizza, schmeckt aber auch köstlich zusammen mit Tomaten, Käse, Suppen und Gemüse. Zur Blütezeit kann man die ganze Pflanze etwa 10 cm über dem Boden abschneiden und in Bündeln trocknen.

Estragon: Dieses feinwürzige Kraut aus der Verwandtschaft von Beifuß und Wermut stammt aus dem südlichen Asien und braucht daher einen warmen, geschützten Platz. Der Boden darf nicht zu mager sein. Vermehrt wird der Estragon meist durch Wurzelausläufer. Man pflanzt gewöhnlich im April mit allseitigem Abstand von 35–40 cm. Die Stauden können über einen Meter hoch werden. Es

Kräuter – ein Geschenk des Himmels

Blühende Küchen-
kräuter sind eine Zier
für den Garten:
Lavendel (links) und
Liebstöckel (rechts).

gibt eine robuste Sorte (Russischer oder Sibirischer Estragon), mit der Sie kaum Überwinterungsschwierigkeiten haben werden. Viel aromatischer ist aber der Französische oder Deutsche Estragon, der aber leider recht empfindlich ist und selbst mit einem Winterschutz aus Fichtenzweigen große Kälte nicht immer übersteht. – Die zarten Blätter und Triebspitzen werden frisch verwendet; durch Einlegen ganzer Zweige in Essig oder Öl läßt sich das zarte Aroma konservieren.

Lavendel: Wer kennt sie nicht, die blauen Lavendelfelder Südfrankreichs! Wir begnügen uns mit weniger, denn so oft ißt man Fisch und Hammelfleisch ja nicht – und die Duftbeutel zwischen den Laken sind auch etwas aus der Mode gekommen. Lavendel braucht leichten, kalkhaltigen Boden. Im Steingarten ist er durchaus am Platz. Etwas Kompostdünger genügt ihm. Die jungen Pflanzen vom Gärtner werden im Mai gepflanzt, nicht näher als 30 cm, besser noch ein wenig verteilt. Frischer La-

vendel ist an Speisen gut, die getrockneten Sträußchen sollen Motten, Mükken und Fliegen vertreiben. Im Garten macht er sich fein in Gesellschaft von Buschrosen. Ein Winterschutz aus Reisig ist sehr zu empfehlen.

Liebstöckel: Mannshoch wird das Maggikraut in wenigen Wochen. Im Winter friert es nämlich bis auf den Boden zurück. Es macht einen etwas aufgeblasenen Eindruck. Mit einer Pflanze sind Sie reichlich bedient. Den Platz dafür sollten Sie mit Bedacht wählen, damit sie Ihnen nicht 10–15 Jahre lang im Weg steht. Liebstöckel braucht reichlich Platz, guten Boden und etwas organischen Dünger; dafür verträgt er leichten Schatten. Die jungen Blätter sollte man frisch, aber nicht zu reichlich zu Soßen, Suppen und Eintöpfen verwenden.

Meerrettich: Obwohl Meerrettich oft sogar verwildert und als »Unkraut« auftritt, ist seine Kultur gar nicht so einfach. Zum Pflanzen braucht man sogenannte Fechser. Das sind möglichst 30 cm lange und 8–20 mm

Kräuter – ein Geschenk des Himmels

starke Wurzelschnittlinge vom Vorjahr, die man den Winter über an kühlem Ort in Sand eingeschlagen hatte. Zur Kennzeichnung des Kopf- und Fußendes schneidet man oben gerade und unten schräg ab. Im März oder April werden die Wurzelschnittlinge in 8–10 cm tiefe Rillen gelegt. Zuvor muß man sie bis auf eine 2 cm lange Zone an beiden Enden der Länge nach mit einem Wollappen abreiben, damit die dort sitzenden Knospen (Augen) nicht austreiben. Das Fußende wird dann noch ein Stück senkrecht in den Boden gedrückt. Dann werden die Rillen geschlossen und etwas angehäufelt. Die Pflanzen bilden mächtige Blätter, so daß man sie nicht näher als 50 cm zueinander setzen sollte. Um die Fechser für das nächste Jahr zu gewinnen, werden die Wurzeln im Oktober/November geerntet. Für frischen Meerrettich kann man die Wurzeln den ganzen Winter über ausgraben.

Melisse: Sie duftet so frisch nach Zitrone und wird deshalb auch Zitronenmelisse genannt. Sie ist ziemlich robust und wird auch ohne viel Fürsorge bald recht üppig. Man kann Melisse im April/Mai aussäen, oder besser noch: als geteilten Wurzelstock oder Steckling von einem Freund beziehen; denn 1–2 Stauden reichen vollauf falls Sie nicht zum notorischen Melissentee-Trinker werden. Die aufgebrühten, frischen Blätter ergeben nämlich einen Trank, der es mit jedem Pfefferminztee aufnehmen kann. Leider verliert die Melisse ihr bestes Aroma beim Trocknen. Die frischen Blättchen sind aber auch vorzüglich in Salaten und Kräutersoßen. – Im Herbst schneidet man sie dann schon etwas holzigen Büsche bis fast auf den Boden zurück. Einen Winterschutz braucht die Melisse nicht.

Zitronenmelisse entfaltet ihr erfrischendes Aroma nur im frischen Zustand.

Rosmarin: Selbst in Südeuropa bevorzugt der graugrüne Rosmarin sehr warme Felsstandorte. Unsere Winter verträgt er nicht, weshalb man ihn besser im Topf läßt, den man im Sommer an einer sonnig-warmen Stelle eingräbt und im Herbst wieder rechtzeitig hineinnimmt. Die Topferde muß humusreich und durchlässig sein. Man kann Rosmarin durch Stecklinge vermehren. Das herb-harzige Aroma der nadelförmigen Blätter paßt zu Geflügel, Hammel und Tomaten. Im Winter sollte Ihr Rosmarinstock hell, aber kühl stehen und nur mäßig gegossen werden.

Salbei: Mit seinen hübschen blauen Blütenähren ziert der Salbei in seiner Heimat ähnliche Standorte wie der Rosmarin. Ein steiniger Kalkboden und ein warmer Platz sagen ihm sehr

Kräuter – ein Geschenk des Himmels

Salbei liebt Kalk im Boden, dann blüht und duftet er kräftig.

Die Nachbarschaft zu Steinen ist den wärmeliebenden Kräutern immer recht.

zu. Mit etwas Schutz übersteht er unsere Winter recht gut. Zum Auspflanzen kaufen Sie sich am besten junge Pflanzen beim Gärtner; später können Sie selbst durch Ableger vermehren. Das strenge Aroma der graugrünen Blätter ist nicht jedermanns Sache. Man nimmt sie frisch oder getrocknet zu Fleisch, Suppen und Käse.

Thymian: Auch unsere heimischen Thymianarten duften angenehm; aber der Gewürzthymian aus dem westlichen Mittelmeergebiet ist ungleich aromatischer. Manchmal findet man eine zitronenartig duftende Variante, die als Zitronenthymian kultiviert wurde. Thymian braucht eher steinigsandigen Boden und einen warmen Platz. Dort breitet er sich bald nach allen Richtungen aus und bildet ganze Teppiche. Kaufen Sie daher nur wenige Jungpflanzen im Töpfchen. Die kleinen Blättchen und Triebspitzen besitzen ein kräftiges Aroma, das gut zu Fleisch und Kartoffeln paßt. Kurz vor der Blüte kann man größere Mengen ernten und trocknen. Thymian ergibt allein oder mit anderen Kräutern zusammen auch einen schmackhaften Tee. Als Randbepflanzung vertreibt er Schädlinge.

Kräuter – ein Geschenk des Himmels

Ein paar ausgefallene Kräuter

Aus der großen Vielfalt der Kräuter, die als Gewürz, Salat, Gemüse, Heilkraut oder Tee dem Menschen nützlich sind, ist viel in Vergessenheit geraten. Gelegentlich wird das eine oder andere wieder entdeckt, und manchmal kommt ein Kraut aus fernen Ländern neu in unsere Gärten. Einige dieser weniger üblichen Kräuter möchte ich Ihnen vorstellen.

Kapuzinerkresse: Diese Südamerikanerin ist mit der Gartenkresse nur geschmacklich verwandt. Das zeigen schon ihre prächtigen Blüten an. Das frostempfindliche Gewächs darf nicht vor Mitte Mai ausgesät werden. In zu nahrhaften Böden bildet die Kapuzinerkresse eine gewaltige Blattmasse,

aber weniger Blüten. Eine Sorte mit langen Ranken eignet sich für Zäune und Baumscheiben, eine mehr buschig wachsende Sorte sieht hübsch als Beeteinfassung aus. Sie wird im biologischen Gartenbau gerne als Mischkultur angebaut, weil sie alle Arten von Ungeziefer fernhält. Meist wird die Kapuzinerkresse nur als Zierpflanze verwendet. Dabei schmecken Blätter und Blüten angenehm scharf und passen gut zu Salaten und Quark.

Löffelkraut: Dieses Kraut mit den etwas fleischigen Blättern gehört zu den Kreuzblütlern oder Kohlgewächsen und kommt an vielen Küsten der nördlichen Meere vor. Es gehört zu den salztoleran-

Kapuzinerkresse und Ringelblume werden gleichermaßen als Zier-, Heil- und Würzpflanzen geschätzt.

Kräuter – ein Geschenk des Himmels

ten Pflanzen. Im Garten kommt es auch ohne Salz aus, braucht aber reichlich Feuchtigkeit. Das zweijährige Kraut wird im April oder September mit einem Reihenabstand von 20–25 cm ausgesät. Die rautenförmigen Blätter können das ganze Jahr über gepflückt werden, da das Löffelkraut auch im Winter grünt. Der Geschmack ist kresseartig bis salzig-bitter und sehr geeignet, grüne Salate zu würzen. Die Pflanze ist reich an Vitaminen und regt den Stoffwechsel an.

Portulak: Auch dieses Kraut hat leicht fleischige Blätter, stammt aber aus dem Mittelmeergebiet und hat es daher gerne warm. Man findet es in alten Weinbergen und an Wegen gelegentlich

5–6 Eßlöffel
Sonnenblumenöl

auch als »Unkraut«. Im Garten sollte man dem Portulak also einen warmen, etwas sandigen Platz anbieten. Gesät wird im Mai in Reihen mit 20–25 cm Abstand. Schon nach vier Wochen können Sie mit der ersten Ernte beginnen. Wenn Sie nicht zu dicht über dem Boden schneiden, treiben die Pflanzen wieder aus. Die Ähnlichkeit mit Spinat ist nicht nur eine äußere. Man bereitet Portulak als Gemüse auch so zu wie Spinat. Der Geschmack ist aber mehr säuerlich-salzig. Sehr gut ist das Kraut roh als Zutat zu Salat oder Quark. Portulak ist eine mehrjährige Pflanze, bei uns übersteht sie aber selten den Winter und muß dann neu angesät werden.

In die gleiche Richtung (eine Kombination von Gewürz, Salat und Gemüse) gehen **Gartenmelde** und **Guter Heinrich,** beides Vertreter der interessanten Gänsefußgewächse, die noch weitere Nutzpflanzen hervorgebracht haben.

Sauerampfer: Man kann ihn zwar auch auf der Wiese pflücken, wenn er jung ist, aber man weiß heute ja nicht, was er da alles verabreicht bekommen hat. Außerdem bleibt der Garten-Ampfer (Samen gibt es zu kaufen) länger zart. Es lassen sich davon ganz herrliche, säuerliche Suppen kochen, und auch roh, als Salatwürze ist er köstlich. Nur im Übermaß soll man ihn nicht essen – wegen der Oxalsäure. Aussaat im März/April oder im August. Die Pflanzen sollten in Abständen von 20–30 cm wachsen.

Weinraute: Ein in Südeuropa heimischer Halbstrauch, verwandt mit den Citrusgewächsen. Die leicht bitteren Blätter riechen streng-würzig und passen, sparsam dosiert, zu Salaten, Fleisch und Käse. Die wärmeliebende Pflanze braucht Winterschutz und

47

Kräuter – ein Geschenk des Himmels

einen nicht zu schweren Boden. Die exotisch wirkenden gelben Blüten sind eine Zierde für den Garten.

Tee-Kräuter

Aus vielen der bereits genannten Kräuter lassen sich schmackhafte und gesunde Tees zubereiten, so aus Fenchel, Kümmel, Lavendel, Melisse, Salbei und Thymian. Wenn sie zu bitter sind, wie Salbei, Thymian und Wermut, dann kann man sie mit anderen Kräutern mischen. Darüber hinaus gibt es einige Kräuter, die speziell als Teekräuter anbauen sollte, denn da kann man gar nicht genug Abwechslung haben – für den Geschmack und für die Gesundheit. Hier ein paar Anregungen.

Johanniskraut: Das Getüpfelte Johanniskraut oder Hartheu kommt an vielen Stellen (z. B. Straßenböschungen) wild vor. Da weiß man aber oft nicht, wie es mit der Verschmutzung steht. Deshalb sollte man dieses ebenso gesunde wie stattlich blühende Kraut durchaus als Gartenpflanze in Erwägung ziehen. Die Samen bekommt man in einschlägigen Samenhandlungen. Man sät sie im April oder September an einen warmen Platz, wo sie mehrere Jahre bleiben können. Wenn das Johanniskraut in voller Blüte steht, wird es als ganze Pflanze geerntet und in Bündeln getrocknet. Der Tee regt die Verdauung an, wirkt gegen depressive Zustände und vegetative Dystonie. Das Kraut (2 Teelöffel auf ¼ Liter Wasser) wird kurz aufgekocht und nach einigen Minuten abgesiebt.

Johanniskraut-Öl dient zur äußeren Behandlung: In Olivenöl gelegte frische Blüten läßt man in offener Flasche 3–5 Tage gären, verschließt und

stellt das Ganze 5–6 Wochen in die Sonne. Das tiefrote Öl wird dann abgegossen und gegen Rheuma, Hexenschuß, Verstauchungen, Verrenkungen, Blutergüsse und zur Wundheilung eingesetzt.

Kamille: Manche Menschen mögen den Duft der Kamille nicht. Sie ist aber so heilsam, daß man immer wieder wenigstens ein wenig davon seinen Kräutertees zusetzen sollte. Auch die Kamille ist ein weit verbreitetes »Unkraut«. Wer es selbst anbaut, hat Gewähr für saubere Qualität. Sie

Selbst im getrockneten Zustand sind Heil- und Würzkräuter noch ein ästhetischer Genuß. Sie sollten immer eine reichliche Auswahl zur Hand haben. Wenn Sie den Überblick verlieren, schreiben Sie sich Geschmack und Wirkung mit aufs Etikett.

Kräuter – ein Geschenk des Himmels

braucht einen nährstoffreichen, humosen Boden. In voller Sonne entfaltet sie ein besonders kräftiges Aroma. Man sammelt die frischen Blüten, trocknet und bewahrt sie in geschlossenen Glasgefäßen auf. Kaum nötig zu sagen, daß Kamillentee ein sanftes Wundermittel bei allen inneren und äußeren Entzündungen ist, bei Magenverstimmung, und Kamillen-Dampfbäder ein altes Hausmittel gegen Erkältungen sind.

Pfefferminze: Es gibt drei häufige Wildminzen in Mitteleuropa: Acker-,

Wasser- und Roßminze. Die Echte Pfefferminze ist eine Kreuzung zwischen der Wasserminze und der westmediterranen Ährenminze. Ihr Aroma ist unvergleichlich besser als das bei der »Eltern«. Da sie bei geschlechtlicher Fortpflanzung in die Stammformen zurückfällt, kann man nur über die reichlichgebildeten Ausläufer vermehren. In humusfeuchtem Boden breitet sich das im Stengel oft weinrote Kraut mit deutlich gestielten Blättern rasch aus und wird bis zu 80 cm hoch. Die frischen Blätter kann man das ganze Jahr pflücken und in Maßen zum Würzen von Salaten, Soßen und Hammel verwenden – natürlich auch als Tee. Im Juni, kurz vor der Blüte ist Haupternte. Dann schneidet man das Kraut über dem Boden ab und hängt es gebündelt zum Trocknen. Sollten Ihre Pflanzen einmal vom Rost, einer Pilzkrankheit, befallen werden, so schneiden Sie alle Stengel kurz über dem Boden ab; der Neutrieb ist wieder gesund.

Ringelblume: Wie die Kapuzinerkresse wird auch die Ringelblume meist als reine Zierpflanze angesehen. Ihre Blütenblätter tragen in Kräutertees zur Heilwirkung bei und geben ihnen eine schöne Farbe, der Calendula-Salbe verleihen sie ihre heilsame Wirkung, und ihre Wurzeln tun dem Boden so gut, daß man die unermüdlich blühende »Ringelrose« mit gutem Recht auch bei den Tee- und Heilkräutern einstufen darf. Besonders geeignet ist die Ringelblume als Beeteinfassung. Man sät im April/ Mai im Abstand von 20–30 cm. Die Samen lassen sich leicht selbst gewinnen. Von den Blüten sammelt man in der Regel nur die äußeren Strahlenblüten.

Kräuter – ein Geschenk des Himmels

Kräuter auf einen Blick

Artnamen	Boden	Pflanzenteil	Bemerkung
Anis (Pimpinella anisum)	nährstoff- und basenreich	Früchte (Samen)	sehr wärmebedürftig
Basilikum (Ocimum basilicum)	humos, feucht	frische Blätter	etwas empfindlich
Beifuß (Artemisia vulgaris)	nährstoffreich und feucht	Triebspitzen frisch und trocken	besser Wermut
Beinwell (Symphytum officinale)	nährstoffreich und feucht	junge Blätter frisch	Gemüse und Pflanzenjauche
Bohnenkraut (Satureja hortensis)	humos	Triebspitzen frisch und trocken	mäßig verwenden
Boretsch (Borago officinalis)	nährstoffreich und feucht	junge Blätter frisch	fein schneiden
Brennessel (Urtica dioica)	nährstoffreich	Triebspitzen frisch	Gemüse und Pflanzenjauche
Dill (Anethum graveolens)	ausreichend feucht	Blätter frisch und trocken, Früchte	gut als Mischkultur
Dost (Origanum vulgare)	mager, kalkreich	Blätter frisch und trocken	sparsam verwenden
Estragon (Artemisia dracunculus)	humusreich und feucht	Blätter frisch und eingelegt	im Anbau etwas heikel
Fenchel (Foeniculum vulgare)	kalkreich, mäßig trocken	Früchte (Samen) (und Blätter)	reift nur in warmen Lagen
Gartenkresse (Lepidium sativum)	humos	ganzer junger Sproß	Keimlinge ohne Erde ganz eßbar
Johanniskraut (Hypericum perforatum)	mager	ganzes Kraut trocken und Ölauszug	macht die Haut lichtempfindlich
Kamille (Matricaria chamomilla)	humos und nährstoffreich	Blüten	entzündungshemmend
Kapuzinerkresse (Tropaeolum maius)	feucht, mäßig nährstoffreich	Blüten und Blätter	Salatgewürz und Verzierung
Kerbel (Anthriscus cerefolium)	tiefgründig, nährstoffreich	junge Blätter	Suppen- und Salatwürze
Knoblauch (Allium sativum)	warm, leicht, humusreich	Knollen (Zehen)	wertvoll für Mischkultur
Koriander (Coriandrum sativum)	warm, kalkreich	Früchte (Samen)	für Brot und Spekulatius
Kümmel (Carum carvi)	nahrhaft-kalkreich, feucht	Früchte (Samen), Wurzel	wertvolles Darm- und Magenmittel
Lavendel (Lavandula angustifolia)	warm, kalkreich	junge Blätter, ganzes Kraut	Fisch + Hammel, gegen Ungeziefer

Kräuter – ein Geschenk des Himmels

Kräuter auf einen Blick

Artnamen	Boden	Pflanzenteil	Bemerkung
Liebstöckel (*Levisticum officinale*)	tiefgründig, nährstoffreich-feucht	junge Blätter	»Maggiwürze« zu Eintopf
Löffelkraut (*Cochlearia officinalis*)	feucht	Blätter ganzjährig	vitaminreiches Salatgewürz
Majoran (*Origanum majorana*)	durchlässig, humusreich	junge Blätter, ganzes Kraut	Wurst- und Fleischwürze
Meerrettich (*Armoracia rusticana*)	tiefgründig-feucht, nährstoffreich	Wurzel	scharf und gesund
Melisse (*Melissa officinalis*)	humusreich	junge Blätter frisch	Tee und Speisenwürze
Petersilie (*Petroselium crispum*)	humos, durchlässig	frische Blätter (Wurzel)	Speisenzierde, würzig und gesund
Pfefferminze (*Mentha piperita*)	feucht-lehmig humos, moorig	Blätter frisch und trocken	in vielen Sorten
Pimpinelle (*Sanguisorba minor*)	trocken-mager, kalkreich	Blätter frisch	Salatgewürz, wie Boretsch
Portulak (*Portulaca oleracea*)	sandig, mager	Blätter frisch	Salatwürze und Gemüse
Ringelblume (*Calendula officinalis*)	anspruchslos	Blüten trocken	»Safran armer Leute«
Rosmarin (*Rosmarinus officinalis*)	durchlässig, humusreich	Blätter und Triebspitzen	nicht winterhart
Salbei (*Salvia officinalis*)	durchlässig, warm, kalkhaltig	Blätter frisch und trocken	herbe Fleischwürze
Sauerampfer (*Rumex acetosa*)	humos und nährstoffreich	Blätter frisch	Suppen und Salate
Schnittlauch (*Allium schoenoprasum*)	feucht und humusreich	Blätter	vielseitig verwendbar
Senf (*Sinapis alba*)	anspruchslos	Früchte (Samen)	auch wertvolle Gründüngung
Thymian (*Thymus vulgaris*)	warm, mager, durchlässig	Blätter frisch und trocken	zu Speisen und Kräutertees
Weinraute (*Ruta graveolens*)	warm, mager, durchlässig	Blätter frisch und trocken	zu Salat, Käse und Fleisch
Wermut (*Artemisia absinthium*)	anspruchslos, steinig-mager	Blätter (Blüten) frisch und trocken	bitteres Magenmittel
Ysop (*Hyssopus officinalis*)	kalkhaltig, steinig, warm	Blätter frisch und trocken	bitteres Gewürz und blaue Zierde
Zwiebel (*Allium cepa*)	locker, humos, mäßig feucht	Zwiebel (Blätter)	in vielen Sorten

Salate –
ein Geschenk des Lichts

Nicht von ungefähr erfreuen sich Salate in allen Variationen größter und offenbar noch immer zunehmender Beliebtheit. Sie bieten alles – oder doch beinah alles – was einer gesunden, den heutigen Lebensverhältnissen entsprechenden Ernährung förderlich ist: Vitamine, Mineralstoffe, Spurenelemente, wenig Kalorien und reichlich Ballaststoffe. Zu all dem ist das Angebot an Arten und Sorten, an Salatsoßen (»Dressings«), Würzkräutern und anderen Zutaten (Käse, Oliven, Tomaten etc.) so groß, daß jeder auf seine ganz persönlichen Kosten kommt. Neben den klassischen Salaten mit wenig Eigengeschmack erfreuen sich in zunehmendem Maße Bittersalate aus der Verwandtschaft der Zichorie und Sauersalate (z. B. Portulak) großer Beliebtheit.

Für den Anbau im Kleinen Küchengarten wird man sich auf ein vergleichsweise kleines Spektrum von Arten und Sorten beschränken, ausgewählt nach dem persönlichen Geschmack und nach der Problemlosigkeit der Kultur. Einem geschickten Gärtner geht frischer Salat das ganze Jahr nicht aus. Im Frühjahr sind es die Lattich-Salate, im Sommer die Zichorien-Salate und im Winter kann man noch Feldsalat, Radicchio, Winterportulak und Chicorée aus dem Treibkasten ernten.

Kopfsalat: Der klassische grüne Lattich-Salat mit geringem Eigengeschmack, aber um so größerer Anpassungsfähigkeit für Soßen und Gewürze ist problemlos im Anbau. Die Frühjahrssorten können schon im März/April gesät, bzw. ausgepflanzt werden. Man sollte in mehreren nicht zu üppigen Portionen anbauen. Nach 5–7 Wochen sind die jungen Pflanzen

Salate – ein Geschenk des Lichts

erntereif. Von April bis Juni werden Sommersorten gesät bzw. gepflanzt. Kopfsalat braucht Humus, genügend Wasser und Sonne, auf spezielle Düngung kann er ebenso verzichten wie auf ein eigenes Beet: Man kann ihn überall – mit einem Mindestabstand von 25 cm – zwischenpflanzen.

Schnitt- und Pflücksalat: Er ist dem Kopfsalat sehr ähnlich, ohne Köpfe zu bilden. Man sät ihn in Reihen im Abstand von 25 cm. Bereits 4 Wochen nach Aussaat kann man mit dem Schneiden beginnen. Wenn man nicht zu tief schneidet, treibt er wieder aus. Ansprüche ähnlich wie Kopfsalat, nur verträgt er Halbschatten. Ein sehr »bequemer« Salat, der immer zur Verfügung steht, wenn man ab und zu nachsät. Es gibt ferner auch »braune« Sorten, die etwas Farbe in die Salatschüssel (und ins Salatbeet) bringen.

Eissalat: Ein krachig-knuspriger Salat mit großen Köpfen. Ausgesät wird von Mai bis Anfang Juli, dann auf 35 × 35 cm pikiert. Braucht Wärme, genügend Wasser und etwas (organische) Zusatzdüngung. Im Kühlschrank hält er sich länger als andere Lattich-Salate.

Zuckerhut: Eine dem Chinakohl ähnliche Variante des Chicorée. Er darf nicht vor Ende Juni gesät werden, da er sonst schließt. Er mag nicht verpflanzt werden, deshalb gleich in gehörigem Abstand säen, bzw. die Jungpflanzen auf einen Abstand von 30–35 cm auslichten. Tiefgründiger, humusreicher und mit etwas organischem Langzeitdünger versorgter Boden bringt beste Erträge. Die hohen, spitzen Köpfe können ab Oktober geerntet werden. Da sie Frost bis −8° C vertragen, kann man sie lange auf

dem Beet lassen. Wie Chicorée eignet sich Zuckerhut zum Dünsten und als Salat.

Radicchio: auch roter Zichoriensalat genannt, ist ein italienischer Abkömmling der Wegwarte (*Cichorium intybus*). Trotz seiner südlichen Herkunft, macht ihm Kälte nichts aus, so daß man ihn zu den Wintersalaten rechnet. Die rötlichen Blätter sind knackig und angenehm sanft-bitter.

Schnitt- oder Pflücksalat in vielen Variationen.

Salate – ein Geschenk des Lichts

Radicchio wird erst im zweiten Anlauf und im Winter rot.

Aussaat: Mitte Mai bis Mitte Juni; Reihenabstand: 25 cm; Pflanzenabstand: 10–20 cm; Bodenansprüche: wie Kopfsalat. Im November schneidet man die länglichen Blätter bis auf 5 cm ab; erst dann bilden sich die roten Rosetten. Je nach Witterung kann vom Jahreswechsel bis April geerntet werden (die Sorte 'Palla Rossa' schon im Spätherbst). Gegen Kahlfrost sollten Sie mit Fichtenreisig oder angehobener Folie abdecken.

Endivie: Auch dieser Bitterling stammt von der Zichorie und wurde schon von den alten Griechen und Römern als Gemüse und Salat geschätzt. Sorten mit verschiedener Reifezeit und unterschiedlichen Blattformen. Sommerendivien werden Anfang April ausgesät, Winterendivien im Juni; Jungpflanzen können jeweils 4–5 Wochen später gepflanzt werden.

Leicht bitter und fest im Blatt, das macht den Reiz von Endivie aus.

Salate

Sie brauchen einen Abstand von etwa 30 × 30 cm. Der Boden sollte tiefgründig, humos, gut gekalkt und feucht sein. Damit die inneren Blätter bleich und weniger bitter werden, bindet man die Köpfe bei trockenem Wetter leicht zusammen. Geerntet wird bis spät in den Herbst. Die Sorte 'Escariol grün' verträgt Frost bis −5° C.

Feldsalat: Ausnahmsweise ein Vertreter der Baldriangewächse. Man nennt ihn auch Ackersalat, Mauseohr oder Rapunzel – Nüsslisalat in der Schweiz. Ein echter Winterling mit viel Vitamin C und Eisen. Im August/September sät man im Abstand von 10 bis 20 cm in Reihen. Feldsalat stellt an den Boden keine hohen Ansprüche. Wo viel Schnee die Ernte erschwert, sollte man im Frühbeet oder Kalthaus anbauen. Aber nicht verwöhnen! Feldsalat mag es kühl und luftig. Erntezeit ist September bis März. Danach fängt er an zu blühen und schmeckt nicht mehr.

Löwenzahn: Wer ihn richtig behandelt, lernt eine neue Delikatesse kennen. Man sät zwischen März und Mai im Reihenabstand von 25–30 cm. Später vereinzelt man auf 20–25 cm. Bis zum Herbst läßt man ihn ungeschoren wachsen, nimmt ihm nur die Blüten, bevor sie aussamen. Im September/Oktober schneidet man (wie bei Radicchio) die Blätter etwa 2 cm über dem Boden ab und baut einen Tunnel aus schwarzer Folie über das Beet. (Bei kleineren Mengen tut es auch eine Plastikwanne.) Im Februar/März kann man dann die zarten, bleichen und nur mäßig bitteren Blätter ernten. Ein hervorragender Salat – und sehr gesund.

Bleichsellerie: In den USA gehört er zu jedem Picknick im Freien. Bei uns

Gebleichter Löwenzahn, Feldsalat (unten), Chinakohl (rechts) – drei köstliche Salate.

Salate – ein Geschenk des Lichts

Winterportulak: Bei den Kräutern hatten wir bereits den säuerlichen Portulak kennengelernt. Der Winterportulak (auch Winterpostelein, Claytonie oder Kubaspinat genannt) ist verwandt, besitzt aber ein rund um den Stiel verwachsenes Hochblatt, in dessen Schale die kleinen weißen Blüten stehen. Man kann das ganze Kraut samt Blüten mehrfach abschneiden und einen köstlichen, vitaminreichen, dekorativen Salat daraus zubereiten. Die Kultur ist ähnlich wie beim Feldsalat. Man sät ab Juli breitwürfig oder in Reihen. Wenn man bei der ersten Ernte auf 10–20 cm verzieht, können sich die Pflanzen besser entwickeln. Im Winter sollte das Beet mit einem Folientunnel überdeckt werden, sofern man nicht gleich im Frühbeet oder Gewächshaus angebaut hat. Dann kann man bis zum Frühjahr ernten.

Chinakohl: Wie so viele unserer Blattpflanzen, wird auch der Chinakohl roh als Salat oder gekocht als Gemüse gegessen. Diese Gabe aus dem Fernen Osten ist mit seinem milden Kohlgeschmack eine echte Bereicherung unserer Salatauswahl. Chinakohl wächst besonders gut auf sandigen Lehmböden mit guter Kalk- und Wasserversorgung. Klimatisch stellt er keine besonderen Ansprüche, verträgt sogar leichten Frost. Kompost reicht als Dünger aus. Man baut ihn gern als Nachkultur zu Erbsen oder Bohnen. Die Samen des Chinakohls kommen Mitte bis Ende Juli in den Boden. Reihenabstand: 40 cm. Später wird auch in der Reihe auf gleichen Abstand vereinzelt.

Gegen Ende November kann mit der Ernte begonnen werden. Die ziemlich großen, langen Köpfe können frostfrei und kühl vier bis sechs Wochen gelagert werden.

ist diese erfrischende Rohkost noch zu wenig bekannt. Übrigens kann man die »Stangen« auch als Gemüse zubereiten. Sie sind reich an Mineralstoffen. Wie der Knollensellerie stammt auch der Stangensellerie von der in Salzwiesen an der Küste lebenden Wildform (*Apium graveolens*) ab. Beide Zuchtformen brauchen fetten, feuchten Boden und mehr Kalium als andere Pflanzen. Aussaat Anfang April, Pflanzung bis Juni. Damit die Blattstiele schön bleich werden, pflanzt man selbstbleichende Sorten recht eng im Abstand von etwa 30 cm und umstellt das Beet noch mit Brettern. Normalsorten werden in größerem Abstand (30–40 cm) in 20–25 cm tiefe Furchen gepflanzt. Ab August wird dann nach und nach zugehäufelt. Eine andere Möglichkeit: Man umwickelt die Pflanzen 4–6 Wochen vor der Ernte mit einer Manschette aus schwarzer Folie. (Nebenbei: Ungebleicht sind die Stiele zwar nicht ganz so zart, aber gesünder.)

Salate – ein Geschenk des Lichts

Chicorée erfordert doppelte Arbeit. Was als Salat ebenso gut schmeckt wie als Gemüse, treibt im Dunkeln aus der Wurzel, wie man unten sieht.

Chicorée: Der klassische Zichoriensalat, ein Abkömmling unserer Wegwarte. In der Pfanne gedünstet sind die bleichen Triebe ebenso lecker wie als Salat (mit Apfel- oder Orangenstückchen). Leider ist die Kultur dieser belgischen Züchtung nicht ganz einfach. Im Mai sät man im Reihenabstand von 30 cm und dünnt später auf einen Pflanzenabstand von 15–20 cm aus. Ein guter, tiefgründiger Gartenboden, mit etwas Horn- und Blutmehl gedüngt, läßt ihn kräftig wachsen. Ende Oktober werden die ganzen Pflanzen vorsichtig ausgegraben, die Blätter entfernt, ohne das »Herz« zu verletzen und die Wurzeln an einem kühlen Ort in Erde eingeschlagen. Je nach Bedarf holt man dann die Wurzeln in einen dunklen Raum mit einer Temperatur zwischen 10 und 20° C, stellt sie senkrecht in einen Eimer mit feuchtem Sand. Anschließend wird das Gefäß bis zum Rand mit Torferde aufgefüllt. Nach 4–6 Wochen können die bleichen Triebe geerntet werden. Statt eines dunklen Raumes können Sie auch einen »Käfig« mit schwarzer Folie überziehen.

Salate – ein Geschenk des Lichts

Salate auf einen Blick

Artnamen	Aussäen*	Pflanzen	Abstände**	Ernte
Bleichsellerie (*Apium graveolens*)	Ende III/Anf. IV	Ende V–VI	30 × 30	IX–X
Chicorée (*Cichorium intybus foliosum*)	Anf.-Mitte V	–	30 / 15	XII–III
Chinakohl (*Brassica pekinensis*)	Ende VII	Anf. VIII	40 × 40	XI–XII
Eissalat (*Latuca sativa capitata*)	V–Anf. VII	V–VII	35 × 35	VII–IX
Endivie (*Chicorium endivia*)	Mitte VI–Mitte VII	Mitte VII–Mitte VIII	30 × 30	X–XI
Feldsalat (*Valerianella locusta*)	VIII–Anf. IX	–	10–15 dicht	XI–III
Kopfsalat (*Lactuca sativa capitata*)	Anf. IV–Ende VII	Mitte V–Ende VIII	25 × 25	Ende VI–Ende IX
Löwenzahn (*Taraxacum officinale*)	III–V	–	25 × 25	II–III
Radicchio (*Cichorium intybus foliosum*)	Mitte V–Mitte VI	–	20 × 20	XI–III
Schnittsalat (*Lactuca sativa crispa*)	IV–VIII	–	15–30 dicht	V–IX
Winterportulak (*Claytonia perfoliata*)	VII–VIII	–	15–20 dicht	XI–III
Zuckerhut (*Cichorium intybus foliosum*)	Ende VI	–	35 × 35	X–XII

* Aussaat: Saat- und Pflanztermine gelten für ungeschütztes Freiland
** Abstände: Obere Zeile = Reihenabstände, darunter = Pflanzenabstände in der Reihe
  (wenn beide gleich: ×)

Gemüse –
ein Geschenk des Bodens

Selbst wenn man nur die gebräuchlicheren Gemüsearten berücksichtigt, ist ihre Zahl gewiß viel größer, als das Fassungsvermögen unseres kleinen Küchengartens. Wir müssen daher von Anfang an eine Auswahl treffen. Das wird in erster Linie eine Auswahl nach dem Geschmack derer sein, die schließlich in den Genuß der Gartenprodukte kommen. Zu berücksichtigen wäre auch, welches Gemüse in guter Qualität auch am Markt zu haben ist; außerdem, daß manche Gemüsearten mehr Arbeit machen oder mehr Erfahrung voraussetzen als andere. Und nicht zuletzt muß man mit der Zeit herausfinden, was gut gerät und was nicht – das ist meist eine Frage des Standorts.

Zunächst einmal möchte ich vorschlagen, das Grob- und Lagergemüse mehr in den Hintergrund zu stellen und sich vor allem auf Fein- und Frischgemüse zu konzentrieren. Denn darin liegt ja der wesentliche Vorteil des eigenen Anbaus: So frisches und junges Gemüse bekommen Sie im Supermarkt nicht. Fangen Sie lieber mit wenig an und mit Unproblematischem, vielleicht nur mit Radieschen, Buschbohnen und Kohlrabi. Den Ehrgeiz, die Familie aus gesundheitlichen Gründen grün-autark zu machen, sollten Sie sich gleich aus dem Kopf schlagen, wenn Sie nicht bereits ein alter Gartenhase sind. Dafür braucht man Zeit und viel Erfahrung – und reichlich Gartenplatz. Ich gehe davon aus, daß alle drei eher Mangelware sind.

Es gibt verschiedene Möglichkeiten, Ordnung in die Gemüsevielfalt zu bringen. Da wäre zunächst die alte Fruchtfolge-Einteilung in Stark-, Mittel- und Schwachzehrer. Sie beruht auf dem unterschiedlichen Düngerbedarf der einzelnen Kulturen, die zu einer Art »Dreifelder-Wirtschaft« im Garten geführt hat: Auf die frisch gedüngten Beete kamen die Starkzehrer (Kohl, Sellerie, Lauch, Gurken, Tomaten). Ihnen folgten im nächsten Jahr die Mittelzehrer (Kohlrabi, Möhren, Salat, Rote Rüben, Rettich) und schließlich im dritten Jahr die Schwachzehrer (Bohnen und Erbsen).

Da heute kaum noch mit Mist gedüngt wird, ist auch diese Einteilung aus der Mode gekommen. Sie ist auch durch die Mischkultur und Einflüsse der biologisch-dynamischen Fruchtfolge (Fruchtgemüse, Blütengemüse, Blattgemüse, Wurzelgemüse) verdrängt worden.

Eine andere Einteilung geht von den jeweils genutzten Pflanzenorganen aus (auch wenn daraus keine Fruchtfolge abgeleitet wird). Da gruppiert man nach Blattgemüse (Fenchel, Kohlarten einschließlich Blumenkohl, Brokkoli und Kohlrabi, Lauch, Mangold, Spinat), Wurzelgemüse (Möhren, Radieschen und Rettich, Rote Rüben, Schwarzwurzeln, Sellerie, Zwiebeln) und Fruchtgemüse (Bohnen, Erbsen, Gurken, Paprika, Tomaten, Zucchini).

Schließlich bedient man sich auch der verwandtschaftlichen Ordnung, indem man nach Familien, Gattungen und Arten gruppiert. – Jedes dieser Systeme hat seine Vor- und Nachteile. Wenn man schnell etwas nachschlagen möchte, ist sicher die alphabetische Reihenfolge die praktischste. Wie bei den Tabellen wollen wir sie auch im folgenden anwenden. Ich hoffe, die Auswahl erscheint Ihnen nicht allzu subjektiv.

Gemüse – ein Geschenk des Bodens

Beet 1 wurde im Herbst zuvor mit Mist gedüngt

Blumenkohl	Salat, Kohlrabi	Spinat	Gurken, Salat	Rettich und/oder Radieschen
Kohlrabi, Salat	Rosenkohl	Sellerie und/oder Chinakohl	Feldsalat	Porree

Beet 2, zwei Jahre nach Mistdüngung

Möhren, Radieschen	Zwiebeln	Tomaten (evtl. mit Salat oder	Pflücksalat	Rote Bete
Feldsalat oder Rettich	Endivien		Karotten Schwarzwurzeln	Rettich

Beet 3, drei Jahre nach Mistdüngung

Erbsen	Erbsen	Bohnen	Bohnen	Feldsalat
Rosenkohl	Rosenkohl	Frühlingszwiebeln	Feldsalat	Salat Radieschen Spinat

Gemüse – ein Geschenk des Bodens

Auberginen (links), etwas für Feinschmecker und warme Lagen und Brokkolie (rechts) ein zarter Kohl.

◁ Die klassische Fruchtfolge nach Mistdüngung: Starkzehrer, Mittelzehrer, Schwachzehrer. Gelb unterlegt ist jeweils die Vor- oder Hauptfrucht, orange die Nachfrucht.

Auberginen: Daß sie zu den Nachtschattengewächsen gehören (wie Tomate und Kartoffel) meint man diesen dunkelvioletten Eierfrüchten aus dem tropischen Ostindien anzusehen. Ich nehme diese anspruchsvolle Gewächshauspflanze nur zögernd auf, denn für den Anfänger ist es allemal ratsamer, sich seine Auberginen auf dem Markt zu kaufen. Aber warum soll man nicht auch einmal an den Grenzen seines Könnens experimentieren?

Die Aubergine braucht beste, tiefgrundige Böden und Wärme und nochmal Wärme von März bis September. Man muß die heiklen Pflanzen also zumindest bis Ende Mai im Gewächshaus oder unterm Folientunnel heranziehen. Am besten läßt man sie gleich ganz dort. Man sät Anfang März in Saatschalen, pikiert die Sämlinge und pflanzt Mitte April in Abständen von 60 × 60 oder 75 × 45 cm. Die Temperatur soll von Anfang an 20° C am Tag und 18° C in der Nacht nicht unterschreiten. Als Schwachzehrer brauchen die Pflanzen keine frische Düngung, jedoch gleichmäßige Bodenfeuchtigkeit. Wenn die Pflanzen

zu blühen anfangen, sollte man ihnen den Haupttrieb stutzen, um sie zum 3–4triebigen Wuchs zu zwingen. Die Triebe werden an Stäben hochgebunden, Seitentriebe wie bei Tomaten aus den Blattachseln entfernt. Die Früchte sollten erst geerntet werden, wenn sie voll ausgefärbt sind.

Brokkoli: Dieser grüne Blumenkohl aus Italien macht keine Zicken, er schmeckt mindestens genau so gut wie sein weißer Vetter und ist noch reicher an Vitaminen und Mineralstoffen. Außerdem wachsen die Blumen mehrfach nach. Als echter Kohl braucht er gut gedüngten Boden mit ausreichender Kalk- und Wasserversorgung. Wer die Jungpflanzenanzucht für die April–Mai-Pflanzung selbst übernehmen will, muß damit schon im Februar–März am Fensterbrett beginnen. Gepflanzt werden kann bis Mitte Juli, so daß auch Jungpflanzenanzucht im Freiland möglich ist. Beste Erfolge erzielt man mit Direktaussaat im Mai: jeweils 3 Samen in Abständen von 40 × 40 cm, dann auf eine Pflanze verziehen. Das Beet ist dann allerdings lange besetzt.

Gemüse – ein Geschenk des Bodens

überdeckt. Folgesaaten im Abstand von 2–3 Wochen bis Anfang Juli sichern Ihnen frische grüne Bohnen von Ende Juli bis Anfang September. Ernten Sie alle paar Tage, solange Früchte nachwachsen; schonen Sie aber dabei die Pflanzen. Übrigens: Rohe Bohnen sind giftig. Und: Bohnenkeimlinge sind eine Lieblingsspeise von Schnecken; schützen Sie sie durch Kunststoffmanschetten oder Schneckenzaun bis sie etwas größer sind. Mischkultur mit Bohnenkraut soll vor Läusen schützen.

Links:
Buschbohnen, problemlos und köstlich.

Buschbohnen: Im kleinen Küchengarten kommen die platzbeanspruchenden Stangenbohnen wohl nicht in Betracht, es sei denn, man kann einen vorhandenen Zaun oder ein Spalier dafür verwenden. Buschbohnen sind da viel pflegeleichter – wenn man sich zur Ernte auch bükken muß. Es gibt grüne und gelbe Sorten mit runden und flachen Hülsen. Im allgemeinen ißt man die jungen Hülsen, seltener die ausgereiften Samen als Trockenkochbohnen.

Bohnen sind Schwachzehrer, brauchen also keine Düngung, und gedeihen auf jedem Boden, sofern es nicht klatschnasser Lehm ist. Sogar mit Halbschatten geben sie sich noch zufrieden. Nur Kälte mögen sie nicht. Darum werden Bohnen nicht vor Mitte Mai gelegt. Mit 40 cm Reihenabstand bringen Sie drei Reihen aufs Beet. Innerhalb der Reihen können Sie entweder Bohne für Bohne im Abstand von 6–8 cm legen, oder alle 40–50 cm einen »Horst« von 5–8 Körnern. (Der Keimerfolg scheint im Horst besser zu sein.) Die Samen werden höchstens 2–3 cm mit Erde

Die Samen der verschiedenen Hülsenfrüchtler halten sich getrocknet lange und sind neben den Getreidearten in vielen Ländern ein wichtiges Grundnahrungsmittel.

Erbsen: Weil Erbsen ein Rankgerüst brauchen, scheuen sich manche Leute, sie in ihr Gartenprogramm aufzunehmen. Gerade bei diesem zarten Gemüse kommt aber der Vorteil frischer Ernte voll zur Geltung – wenn man überhaupt grüne Erbsen auf dem Markt bekommt. Und das mit dem Gerüst ist halb so schlimm: Entweder setzt man sie direkt an einen bestehenden Zaun, oder man errichtet einen 50 cm hohen Maschendraht mit Hilfe einiger dünner Stöcke. Niedrige Sorten brauchen keine Stütze. – Es gibt drei Kategorien von Erbsen: Schal- oder Palerbsen werden bevorzugt als Trockenerbsen verwendet; junge Markerbsen sind die köstlichsten Gemüseerbsen; Zuckererbsen werden mitsamt der Hülse gegessen. Sie sehen, ich gebe den Markerbsen entschieden den Vorzug. Man sät sie ab Mitte April in 40 cm entfernte Reihen 5 cm tief mit 3–5 cm Zwischenraum. Sie können auch in Doppelreihen mit 20 cm Abstand (und 70 cm zur nächsten) säen. Sogenannte Wintererbsen werden zwischen Ende September und Mitte Oktober gelegt

65

Gemüse – ein Geschenk des Bodens

und im nächsten Juni geerntet. Die Frühjahrssaaten sind nach 11–13 Wochen erntereif, wobei man mehrfach die Hülsen mit dem bevorzugten Alter pflückt. – An den Boden stellen Erbsen keine besonderen Ansprüche und als Schwachzehrer brauchen sie keine Düngung.

Fenchel: In merkwürdigen Gegensatz stehen die filigranen Blätter zu den massigen Blattscheiden, die sich zu einem knollenartigen Gebilde zusammenschließen. Das Anisaroma der Gewürzpflanze schwebt nur noch wie ein Hauch über diesem zarten und magenfreundlichen Gemüse (Salat). Als Schwachzehrer kommt der Fenchel mit wenig aus und ist doch reich an Mineralstoffen und Vitaminen. Die Sorte 'Zefa Fino' kann schon ab Mitte Mai gesät werden, andere Sorten sät man in der ersten Junihälfte. Reihenabstände: 40–50 cm; in der Reihe auf etwa 25 cm verziehen. Geerntet wird

im September und Oktober. Ein persönlicher Tip: Mit Käse und/oder Schinken überbacken ist Finocchio eine Delikatesse.

Gurken: Das sind anspruchsvolle Exoten. Sie brauchen den besten, reichlich mit Nährstoffen versorgten Boden, viel Wasser, viel Sonne und viel Wärme. Vor Mitte Mai darf man sie der Gefahr kalter Nächte nicht aussetzen. Wer ein bißchen früher ernten will, kann Jungpflanzen im Topf am Fensterbrett vorziehen. Nur fragt sich, welche. Denn es gibt Haus-, Kasten- und Freilandgurken, Salat-, Einlege- und Schälgurken, außerdem rankende und nicht rankende Arten und solche, die rein weiblich blühen, so daß es Bestäubungsschwierigkeiten geben kann. Zudem sollte man den Unterschied zwischen bitterstofffreien (bf) und bitterstoffhaltigen (b) Sorten beachten. Als eine gute Gartengurke für alle Zwecke kann ich

Junge Zuckererbsen (links) kann man mitsamt der Hülse essen. Zartaromatisch schmeckt der Knollenfenchel (rechts).

'Sperlings Mervita' oder 'Fablo' empfehlen. Gurken brauchen viel Platz: bei Abständen in der Reihe von 10–30 cm einen Reihenabstand von 100–150 cm. Besonders gut gedeihen Gurken auf einem Erdwall, in dem verrotteter Pferdemist eingebaut wurde. Wenn Sie nach dem dritten bis fünften Blatt die Sproßspitze abzwicken, verzweigen sich die Pflanzen besonders kräftig. Gießen Sie reichlich, wenn es an Regen mangelt, aber immer nur mit abgestandenem, luftwarmem Wasser. Ein Rankgerüst wird gerne angenommen (wenn man etwas nachhilft), ist aber nicht nötig. Gurkenernte ist im August und September.

Knollensellerie: Unter den Salaten erwähnte ich bereits den Bleichsellerie, der wie der Knollensellerie vom aromatisch duftenden Wildsellerie (*Apium graveolens*) abstammt. Knollensellerie ist recht anspruchsvoll, braucht einen guten, reichlich gedüngten Boden, hat eine lange Entwicklungszeit, braucht genügend Feuchtigkeit, verträgt aber Kälte nicht gut. Man muß ihn daher vorziehen und pikieren, im warmen Frühbeet oder auf der Fensterbank, wenn man die Jungpflanzen nicht gleich beim Gärtner kauft. Ins Freiland dürfen die Pflanzen erst ab Mitte Mai; man pflanzt sie im Abstand von 40 × 40 cm. Junge Selleriepflanzen sind salzemp-

Gurken brauchen viel Platz, viel Wasser und viel Dünger.

Gemüse – ein Geschenk des Bodens

ein Kohl, gehört der Kohlrabi nicht zu den Starkzehrern, sondern zu den Mittelzehrern. Nur braucht er gute Kalkversorgung und stets ausreichend Wasser, damit er nicht holzig wird oder platzt. Mit entsprechenden Sorten kann man Kohlrabi den ganzen Sommer über (von April bis Juni) anbauen, im Abstand von 30 × 30 cm auf ein eigenes Beet oder zwischen Kopfsalat, Bohnen oder Sellerie. Wenn Sie die Jungpflanzen nicht vom Gärtner beziehen wollen, empfiehlt es sich, sie in Saatschalen (Frühbeet) vorzukultivieren.

Mangold: Dieses sanfte Gemüse war längere Zeit außer Mode, scheint jetzt aber wieder entdeckt zu werden. Man unterscheidet Stiel- und Blattmangold. Auf dem Teller ähnelt der eine

Knollensellerie (oben) gedeiht nicht immer, er stellt hohe Ansprüche an Boden und Klima. Viel leichter tut man sich mit Kohlrabi (unten).

findlich, dürfen daher nicht zuviel Mineraldünger im Boden vorfinden. Später brauchen sie zur Knollenbildung aber genügend Kali. Beinwelljauche, Holzasche oder gut verrotteter Schweinemist können ab Juni/Juli in Maßen aufs Selleriebeet gebracht werden, oder ein entsprechender Mineraldünger, z. B. Kalimagnesia. (Viele Gartenböden sind aber ohnehin schon überreich an Kali.) Für die Ernte muß man den richtigen Zeitpunkt abwarten. Bis Ende Oktober nehmen die Knollen noch an Gewicht zu, sie dürfen aber keinen Frost abbekommen. Im Sandeinschlag lassen sich die Knollen lange lagern.

Kohlrabi: Biologisch gesehen, sind Stengelknollen nichts wert – während unterirdische Sproßknollen (Kartoffel, Topinambur usw.) ja der Überwinterung dienen. Trotzdem schmecken sie köstlich, als butterweiches Gemüse oder auch als Rohkost. Obwohl

Gemüse – ein Geschenk des Bodens

Mangold (hier in der roten Ausgabe) sieht nicht nur hübsch aus, sondern schmeckt auch delikat.

dem Spargel, der andere dem Spinat. Mangold ist sehr anspruchslos, was Boden, Wärme und Licht anlangt. Ausgesät wird im April und Mai mit Reihenabständen um 30 cm (Blattmangold weniger, Rippenmangold mehr); in der Reihe auf etwa 25 cm vereinzeln. Nach 8–9 Wochen kann man beim Blattmangold mit der Ernte beginnen, indem man mit dem Messer nicht zu tief abschneidet; dann treibt er wieder durch. Beim Stielmangold hängt man 10–11 Wochen nach der Saat an, laufend die äußeren Stiele zu pflücken.

Möhren: Im Gegensatz zu den kleinen, rundlichen »Karotten« brauchen gut gewachsene Möhren einen tiefgründig gelockerten Boden. Sonst sind sie eher anspruchslos und können in verschiedenen Sorten von Februar/März bis in den Juli hinein angebaut und entsprechend lange geerntet werden. Die Entwicklungszeit ist allerdings recht lang. Bereits das Keimen der kleinen Samen kann 3–4 Wochen dauern. (Deshalb pflegt man Radieschen als Markiersaat mitzusäen.) 3–6 Monate braucht es, bis sie reif sind. Ausgereifte Möhren sind aber nur für die Lagerung nötig. Ungleich köstlicher sind die jungen Möhren, die man schon deswegen ständig ernten soll, damit die anderen mehr Platz bekommen. Darum kann man zunächst ruhig etwas enger säen, etwa 10 Samen auf 10 cm. Am Ende sollen davon nur noch 2–3 Möhren ausreifen. Als Reihenabstände rechnet man 15–20 cm für Karotten, 20–30 cm

69

Gemüse – ein Geschenk des Bodens

für Sommermöhren, 30 cm für Spät- oder Dauermöhren. Als Saattiefe werden 2–3 cm empfohlen. Sehr wichtig für Möhren ist eine gleichmäßige Feuchtigkeit, da sie sonst platzen. Eine dünne Mulchschicht hält den Boden feucht und locker. Die Gießkanne muß aber auch griffbereit stehen. – Noch ein Tip: Gießen Sie immer, nachdem Sie junge Möhren aus einer zu dichten Reihe gezogen haben, damit die anderen wieder festen Halt bekommen.

Paprika: Wie die Aubergine, so ist auch die Gemüsepaprika (von der Gewürzpaprika will ich ganz schweigen) für den kleinen Küchengarten eigentlich eine Nummer zu groß. Die Anforderungen dieser mittelamerikanischen Pflanze an Boden und Klima entsprechen denen der Aubergine, nur braucht die Paprika mehr Düngung. Man sollte sich daran also nur versuchen, wenn man über ein Gewächshaus oder einen Folientunnel

Möhren lieben einen lockeren, tiefgründig humosen Boden, damit sie schön gedeihen.

Paprika in allen Farben brauchen viel Wärme und Sonne.

Gemüse – ein Geschenk des Bodens

Am besten bietet man ihnen eine Art von mitwachsendem Frühbeet mit Glas oder Folie.

Bei Sommersorten genügen Reihenabstände von 30 cm, bei Herbst- und Wintersorten sollten es 40 cm sein; in der Reihe etwa 15 cm. Stutzen Sie Ihren Jungpflanzen nicht die Blätter, das wirft sie bloß zurück. Aber pflanzen Sie in eine 7–8 cm tiefe Furche. Dann können Sie später anhäufeln (sofern es nicht schon der Regen besorgt hat) und bekommen lange weiße Schäfte. – Porree ist reich an Vitaminen und Mineralstoffen. Seine Schäfte ergeben ein mildes Gemüse, die grünen Blatteile würzen Gemüsesuppen. Manche Leute essen Porree auch roh als Salat. Wenn Sie den ganzen Winter über Porree ernten wollen, dann müssen Sie auf winterharte Sorte achten.

verfügt. Im nicht beheizten Gewächshaus kann von März bis Mitte Mai gesät und von Mai bis Juni gepflanzt werden. Zwischendurch müssen die Sämlinge pikiert werden. An sehr warme Stellen im Freiland können Sie ab Mitte Mai auspflanzen, oder Ihre Topfzuchten hinausstellen. Wo mehrere Pflanzen beisammen stehen, brauchen sie einen Abstand von etwa 40 × 40 cm. Da Paprikapflanzen bis 80 cm hoch werden und nicht sehr standfest sind, sollte man sie rechtzeitig anbinden. Die Ernte der grünen »Beeren« (botanisch sind es keine Schoten) kann schon zwei Monate nach dem Auspflanzen beginnen – bis sie rot werden, dauert es länger.

Porree: Lauch wird er oft auch genannt, ist geschmacklich nicht jedermanns Sache und gehört auch gärtnerisch zu den etwas schwierigeren Arten. Dabei stellt er keine sonderlichen Ansprüche, solange er genügend Nährstoffe und Wasser hat. Für frühe Ernten pflanzen Sie im Mai (Jungpflanzen im Frühbeet vorziehen oder kaufen), Winterporree im Juli.

Porree ist gesund und schmackhaft, bildet aber nicht immer die stattlichsten Schäfte aus.

Gemüse – ein Geschenk des Bodens

4–6 Wochen dauert es nur von der Aussaat bis zur Ernte. In der Reihe kommen sie mit einem Abstand von 3–5 cm aus. Säen Sie nicht zuviel auf einmal, lieber alle zwei Wochen. Sollten Sie doch mehrere Reihen wollen, so geben Sie ihnen einen Abstand von 10–20 cm. – Noch eins: »Erdflöhe« (genauer: kleine Blattkäfer) lieben Radieschen- und Rettichblätter und lassen oft nur Gerippe davon übrig. Gleichmäßige Bodenfeuchtigkeit und Mischkultur mit Kopfsalat und Spinat verderben den Erdflöhen die Freude an Radieschen- und Rettichblättern.

Links: Radieschen gehören zu den frühesten Delikatessen.

Rhabarber, erfrischend sauer und gesund.

Radieschen: Wer möchte sie missen, diese fröhlichroten, knackigen Kugeln. Und sie sind so leicht zu haben. Überall kann man sie dazwischen säen und das von März bis Ende August. Wenn sie einen lockeren Boden und immer genügend Feuchtigkeit haben, gedeihen sie prächtig. Als Schwachzehrer brauchen sie keine extra Düngung. Nur darauf sollte man achten: daß sie nicht im gleichen Jahr am gleichen Platz angebaut werden. Und die Samen sollte man nicht tiefer als 1 cm legen, wenn die Kugeln schön rund werden sollen. Bei langsam keimenden Pflanzen, wie Möhren, können Sie Radieschen als Markiersaat mitsäen. Ihr frühes Grün zeigt uns, wo wir nicht hacken dürfen, und bevor die Möhren Platz brauchen, sind die Radieschen geerntet.

Gemüse – ein Geschenk des Bodens

Rechts: Rettich das ganze Jahr über.

Rettich: Sogar die Reihenfolge nach dem ABC verrät die Verwandtschaft: Rettiche sind verlängerte Radieschen – oder umgekehrt, denn der Rettich war (im alten Vorderasien) schon längst vor seiner roten Miniausgabe da; die entstand wahrscheinlich erst in einem mittelalterlichen Kloster Frankreichs. Rettiche gibt es in den Reichsfarben Schwarz, Weiß und Rot. Sie brauchen einen humusreichen, genügend tiefgründigen und stets

feuchten Boden. Mit Dünger und Kalk tut man ihnen nichts Gutes. Man kann die Samen von Anfang März bis Mitte August in den Boden bringen. Reihenabstände 25–30 cm, in der Reihe auf 10–20 cm vereinzeln (noch im Keimblattstadium!). Saattiefe 2–3 cm. Rettichsorten gibt es für alle Jahreszeiten. Sommerrettiche brauchen etwa 7 Wochen bis sie erntereif sind, Winterrettiche 10–11 Wochen; man erntet sie im November.

Rhabarber: Man scheut sich etwas, diese Pflanze unter den Gemüsen zu nennen, da man sie in der Küche doch wie Obst behandelt. Wie dem auch sei: als eine der wenigen ausdauernden Gewächse im Gemüsegarten macht Rhabarber erfreulich wenig Arbeit. Im Oktober oder auch im März pflanzen Sie ein Stück von einem der mächtig entwickelten Wurzelballen. Das Wurzelstück sollte etwa 1 kg schwer sein, ein bis mehrere gut entwickelte Knospen aufweisen und

Gemüse – ein Geschenk des Bodens

Rosenkohl braucht guten Boden, und es dauert lange Zeit, bis man in seinen Genuß kommt.

von einer ertragreichen, gesunden Mutterpflanze stammen. Die Wurzelstücke werden in einen tiefgelockerten, humosen Boden so gelegt, daß die Knospen etwa 5 cm unter der Oberfläche liegen. Zwischen den Pflanzen muß ein Abstand vom 1 m eingehalten werden. Rhabarber braucht reichlich Nährstoffe, Stallmist alle 2–3 Jahre und jedes Jahr nach der Ernte eine Pflanzen-Mist-Jauche, reichlich Kompost und/oder etwa 100 g Mineral-Volldünger je Quadratmeter. Im ersten Jahr müssen Sie Ihren Rhabarber noch ungerupft lassen. Und auch später sollten Sie die rotgrünen Blattstengel mit Augenmaß und Gefühl ernten: leicht drehend und dann mit einem Ruck zieht man

die Blätter heraus und nicht mehr als 3–4 je Woche und Pflanze. Da Rhabarber schon sehr früh austreibt, können Sie bereits im April ein erfrischendes Kompott kochen. Wenn er zu blühen beginnt, sollten Sie ihm rechtzeitig die Ansätze dazu nehmen, damit die Kraft in die Wurzel geht. Bei guter Behandlung kann eine Rhabarberstaude leicht 10 Jahre alt werden.

Rosenkohl: Dieses zarte und dabei kräftig schmeckende Gemüse ist nicht unbedingt etwas für Gartenanfänger. Rosenkohl stellt hohe Ansprüche an den Boden und seine Kalkversorgung. Als echter Kohl braucht er reichlich Düngung (120–150 g/m^2 Volldünger, davon ⅔ vor der Pflan-

Gemüse – ein Geschenk des Bodens

zung). Kühle Sommer, hohe Luftfeuchtigkeit und ein warmer Herbst sind seiner Entwicklung förderlich. Die Jungpflanzen kauft man am besten und pflanzt sie im Mai oder Juni in Abständen von 50 × 50 cm aus. Wenn die unteren Röschen etwa 1 cm dick sind, sollte man die Pflanzen entspitzen. Die Ernte zieht sich von September bis in den März hin. Leichte Fröste verfeinern den Geschmack; bei sehr starker Kälte sollte man abernten oder den Pflanzen einen Schutz geben.

Rote Rübe: Rüben, also Verdickungen der Wurzel oder des Stengels unterhalb der Keimblätter, gibt es in vielen Pflanzengruppen. Es sind ursprünglich Speicherorgane für die Überwinterung. Die Möhre aus der Familie der Doldenblütler haben wir bereits kennengelernt, ebenso den

Rettich, der (wie die Kohlrübe) zu den Kohlgewächsen oder Kreuzblütlern gehört. Die Rote Rübe gehört zur Gattung *Beta* aus der Familie der Gänsefußgewächse. Man nennt sie daher auch Rote Bete. Aus der gleichen Wildform, der an Küsten lebenden *Beta vulgaris maritima,* entstanden der Mangold, die Runkel- oder Futterrübe und die Zuckerrübe.

Sie stellen keine großen Ansprüche, gedeihen noch im Halbschatten und brauchen als Mittelzehrer in einem guten Gartenboden keine zusätzliche Düngung. Das Saatgut besteht meist noch aus Samenknäueln, die bis zu 5 Keimlinge enthalten. Es werden aber auch schon einkeimige Samen (Monogermsaat) angeboten. Wenn Sie die großen Samen im Abstand von 5 cm auslegen, dann haben Sie mit dem Vereinzeln auf 10 cm nicht mehr

Junge Rote Rüben schmecken als Gemüse köstlich zart und süß.

Gemüse – ein Geschenk des Bodens

viel Arbeit. Verpflanzen sollten Sie junge Rote Rüben allenfalls an regnerischen Tagen. (Reihenabstand: 20–30 cm.) Ausgesät werden kann von Ende April bis Mitte Juni. Die Entwicklung dauert 100–150 Tage, so daß die Ernte je nach Aussaat in die Monate August bis Oktober fällt.

Junge Rote Bete sind als Gemüse und Salat süß und zart. Die ausgereiften Rüben lassen sich auch gut lagern, nachdem man ihnen vorsichtig das Laub abgedreht hat.

Spinat: Spinat gehört, wie Mangold und Rote Bete, zu den Gänsefußgewächsen. Er ist nicht nur eisenhaltig, sondern enthält auch so viel Vitamin C wie die dafür berühmten Zitronen. Als typische Langtagpflanze bildet Spinat im Sommer Blütensprosse. Da wir nur an seinen Blättern interessiert

sind, müssen wir ihn im Kurztag des Frühjahrs und Herbstes anbauen. Spinat wächst sehr schnell und stellt als Schwachzehrer nur geringe Ansprüche an den Boden. Auf keinen Fall darf er zuviel Stickstoff bekommen. Das ziemlich grobe Saatgut kann schon ab Ende März in den Boden. Es genügt ein Reihenabstand von 20–25 cm; in der Reihe können 10 Pflanzen je 10 cm stehen. Herbstspinat wird zwischen Juni und August gesät, Winterspinat in der zweiten Septemberhälfte. Man kann auf diese Weise von Anfang April (Winterspinat) bis Mitte November ständig ernten. Geschossener Spinat schmeckt bitter. Man verwendet Spinat auch als Gründüngung zur Bodenverbesserung und als Mischkultur zu Radieschen und Rettichen (vertreibt Erdflöhe), zu Kohl, Tomaten und Erdbeeren.

Als Gründüngung ebenso wertvoll wie als Gemüse (und Salat): Spinat.

Man sollte alle Tomatensorten ausprobieren, es gibt himmelweite Unterschiede im Geschmack.

Tomaten: Der Liebes- und Paradiesapfel kam schon bald nach der Entdeckung Amerikas nach Europa, galt aber fast 500 Jahre lang nur als Zierpflanze. Heute sind Tomaten aus unseren Küchen gar nicht mehr wegzudenken. Und wenn sie auch zu den nicht ganz einfachen Gartengewächsen gehören, so sollte doch niemand darauf verzichten. Für mich sind Tomaten, Möhren und Erdbeeren die drei Arten, deren Anbau im Garten sich am meisten lohnt, weil sie sich in Geschmack und Aroma am deutlichsten von den soviel faderen Marktprodukten unterscheiden.

Im Gegensatz zu fast allen anderen Gemüsearten gedeihen Tomaten um so besser, je öfter man sie am gleichen Platz anbaut. Das sollte ein sonniger, geschützer Platz sein, an der Hauswand oder am Zaun. Neben den üblichen, hochwachsenden »Stabtomaten«, die ohne Anbindestütze nicht stehen können, gibt es auch Buschtomaten, bei denen eine Stütze nicht nötig ist. Beide Formen brauchen einen tiefgründigen, reichlich mit Nährstoffen versorgten Boden. Schon im Herbst sollten Sie das Tomatenbeet mit Kompost und verrottetem Mist (oder Horn-Blut-Knochenmehl) versorgen und mit Fallaub abdecken.

Da man die sehr frostempfindlichen Tomatenpflanzen erst ab Mitte Mai auspflanzen darf, müssen Jungpflanzen vorgezogen werden. Bei vielen anderen Arten (Kopfsalat, Kohlrabi, Sellerie usw.) lohnt sich der Aufwand nicht, wohl aber bei Tomaten. Denn hier bekommt man beim Gärtner meist nur die gängigen (rundfrüchtigen) Sorten. Wer einmal auf den Geschmack der süßen, kleinen

77

Gemüse – ein Geschenk des Bodens

Cocktailtomaten, der würzigen Buschtomaten oder anderer Sorten gekommen ist, der wird sie gerne (ab Mitte März) am Fensterbrett oder im warmen Frühbeet vorziehen. Das ist ziemlich unproblematisch, sofern man ihnen genügend Licht und nicht zuviel Wärme gibt. Denn die Jungpflanzen sollen kräftig und gedrungen und nicht hoch aufgeschossen sein. Man sät zunächst in Saatschalen und pikiert dann einzeln in kleine Töpfe. Wenn man dann auspflanzt, achte man auf die nötigen Abstände: etwa 70 × 50 cm für Stabtomaten und etwa 60 × 40 für Buschtomaten. Wenn man fast bis zu den ersten Blättern tief pflanzt, bilden die Pflanzen zusätzliche Wurzeln aus. Als Stützen gibt es heute recht praktische Wellstäbe aus Metall zu kaufen, es genügen aber auch einfache Holzstecken.

Damit die Pflanzen nicht zu sehr ins Kraut gehen, bricht man die sogenannten Geiztriebe aus den Blattwinkeln – am besten, wenn sie 5–8 cm lang sind. Von Juli bis September, wenn die Früchte gebildet werden, müssen Sie für gleichmäßige Feuchtigkeit sorgen: Lieber öfter und nicht zuviel auf einmal, immer mit abgestandenem Wasser und nie über die Blätter gießen. Eine Mulchschicht sorgt für Ausgeglichenheit. Weitere Tips: Ab August alle neuen Blüten entfernen. In regenreichen Gegenden oder Jahren schützt ein Dach oder ein »Mantel« aus durchsichtiger Folie.

Zucchini: Obwohl diese zartschmekkenden Früchte den Gurken so ähnlich sehen, sind sie doch eigentlich Kürbisse. Man nennt sie auch Garten- oder Sommerkürbis. Ihr Anbau ist

Zum Schutz vor Regen, Wind und kühlen Nächten kann man Tomaten ein luftiges Gewächshaus bauen.

Gemüse – ein Geschenk des Bodens

nicht schwierig, und mit ihren großen Blättern und gelben Blüten sind sie durchaus eine Zierde. An Boden, Nährstoffe und Feuchtigkeit stellen Zucchinipflanzen ähnliche Ansprüche wie die Gurken. Sie vertragen etwas Schatten, besonders von Westen. Säen Sie Mitte Mai und ein zweitesmal Mitte Juni 3 Samen alle 80 cm; von den drei Keimlingen lassen Sie dann nur den stärksten stehen. (1-2 frühe und 1-2 späte Pflanzen reichen für eine Normalfamilie). Wenn Sie ab Juli laufend die jungen Früchte ernten, dann wachsen immer wieder neue nach.

Zwiebeln: Neben der gewöhnlichen Küchenzwiebel (*Allium cepa*), um die es uns hier geht, gibt es noch die Schalotte (*A. ascalonicum*), eine besonders feine, würzige und milde Art, die Büschel von kleinen Zwiebeln ausbildet, und die Winterzwiebel (*A. fistulosum*), die eher einem kleinen Porree ähnelt.

Von der allbekannten Küchenzwiebel existieren viele Sorten, darunter rotblaue sowie die kleinen Perl- oder Silberzwiebeln. Beschränken wir uns auf die gewöhnliche Zwiebel mit der schönen goldgelben Schale. Man kann sie auf dreifache Weise anbauen:

Zucchini passen sich geschmacklich vielen Speisen an.

Gemüse – ein Geschenk des Bodens

Zwiebeln und Möhren mögen und schützen sich. Zum Trocknen sollen die Zwiebeln nach der Ernte noch ein paar Tage auf dem Beet liegen (unten).

■ Aussaat im Februar/März mit Ernte im August/September,

■ Steckzwiebelpflanzung ebenfalls im Februar/März mit Ernte im Juli,

■ Aussaat in der zweiten Augusthälfte mit Ernte im folgenden Mai/Juni.

Am einfachsten ist die Steckzwiebel-kultur. In Reihen mit einem Abstand von 25–30 cm drückt man die kleinen trockenen Zwiebeln im Abstand von 5–10 cm so tief in den Boden, daß auch der »Hals« bedeckt ist. Zwiebeln gehören zu den Mittelzehrern und sollten nicht zuviel Stickstoff und auf keinen Fall frischen Mist erhalten. Wichtig für eine gute Lagerung: Die Zwiebeln müssen ausreifen können. Darum erst ernten, wenn sich das Laub von selbst gelbfärbt und umfällt. Nur bei trockenem Wetter ernten, und dann die Zwiebeln an einem luftigen Ort nachtrocknen lassen.

Gemüse – ein Geschenk des Bodens

Gemüse auf einen Blick

Artnamen	Aussäen*	Pflanzen	Abstände**	Ernte
Auberginen *(Solanum melongena)*	(Mitte III)	(Mitte IV) (Anf. VI)	60 × 60	VIII–IX
Brokkoli *(Brassica oleracea italica)*	(III) IV–V	IV–VI	40 × 40	VI–VII
Buschbohnen *(Phaseolus vulgaris nanus)*	Mitte V– Anf. VII	–	40–50 6–8	VII–IX
Erbsen *(Pisum sativum)*	IV–V	–	30–40 5	VI–VII
Fenchel *(Foeniculum vulgare azoricum)*	Mitte V– Anf. VII	–	40–50 25	IX–X
Gurken *(Cucumis sativus)*	Mitte V	Ende V	100–150 10–30	VIII–IX
Kohlrabi *(Brassica oleracea gongylodes)*	Mitte III–VI	Ende IV– Mitte VII	30 × 30	VII–X
Mangold *(Beta vulgaris)*	Ende IV–VI	–	30–40 20–30	VII–IX
Möhren *(Daucus carota sativus)*	III–VII	–	20–30 4–6	VI–X
Paprika *(Capsicum annuum)*	(III–V)	(V–VI)	40 × 40	VII–IX
Porree *(Allium porrum)*	IV–V	V–Anf. VIII	30–40 15	X–II
Radieschen *(Raphanus sativus)*	III–IV	–	10–20 5	IV–V
Rhabarber *(Rheum rhaponticum)*	–	III/X	100 × 100	IV–VI
Rettich *(Raphanus sativus niger)*	III–IV/VI–VII	–	25–30 10–20	V–VI/VIII–IX
Rosenkohl *(Brassica oleracea gemmifera)*	III–V	V–VI	50 × 50	IX–III
Rote Rübe *(Beta vulgaris conditiva)*	V	–	20–25 15	VIII–X
Sellerie *(Apium graveolens)*	–	Mitte– Ende V	40 × 40	X–XI
Spinat *(Spinacia oleracea)*	III–IV/ VIII–IX	–	20–25 dicht	IV–V/IX–X
Tomaten *(Lycopersicon lycopersicum)*	(III)	Mitte– Ende V	75 × 75	VII–X
Zucchini *(Cucurbita pepo)*	Mitte V– Mitte VI	Ende V– Ende VI	80 × 80	VII–X
Zwiebeln *(Allium cepa)*	III–Mitte IV	–	25–30 5–7	VII–IX

* Aussaat: Saat- und Pflanztermine gelten für ungeschütztes Freiland
  (Termine in Klammern gelten für Gewächshaus oder Tunnel)
** Abstände: Obere Zeile = Reihenabstände, darunter = Pflanzenabstände in der Reihe
  (wenn beide gleich = ×)

Beeren – eine Köstlichkeit am Rande

Selbst im kleinsten Garten würde ich noch Platz finden für ein Erdbeerbeet, für ein paar Johannisbeer-Sträucher und eine Reihe Himbeeren am Zaun. Lieber würde ich dafür auf ein Stück Rasen, auf einige Blumen oder Ziersträucher, oder auch auf dieses und jenes an Gemüse verzichten. Denn so aromatische, frische Erdbeeren, wie die vollreif und sonnenwarm aus dem Garten gepflückten, bekommen Sie nirgends zu kaufen. Himbeeren sind sowieso ein Problem am Markt, und Johannisbeeren kann man gar nicht genug haben für Marmelade und Gelee, für Saft und Obsttorten, für Rote Grütze, als Rohkost und für die Gefriertruhe.

Beerenfrüchte brauchen nicht nur weniger Platz als Kern- und Steinobst, sie sind auch reicher an Vitamin C und Mineralstoffen. Darum kann ich Ihnen nur dringend raten, die Beeren nicht nur als »Randgruppe« Ihres kleinen Küchengartens zu betrachten, zumal ihre Kultur keine Hexerei ist.

Erdbeeren: Die enormen »Brummer«, die einem heutzutage in Geschäften und Selbstpflück-Plantagen angeboten werden, sind ein typisches Beispiel für das, was man in der Verhaltensforschung einen überoptimalen Auslöser nennt: Viel Fassade, wenig dahinter, aber für uns als »Augentiere« ein Superanreiz. Die Enttäuschung folgt auf den ersten Biß – jedenfalls für den, der sich die Erinnerung an sonnenreife Walderdbeeren bewahrt hat.

Mag für größere Obstbäume im kleinen Garten auch kein Platz sein, für Beerenobst reicht es immer.

Beeren – eine Köstlichkeit am Rande

Erdbeer-Sorten werden immer neue gezüchtet, nur leider vor allem für die Bedürfnisse des Erwerbsanbaus. Da geht es um höhere Erträge, größere Früchte, leichteres Pflücken – wobei Geschmack und Aroma meist auf der Strecke bleiben. Achten Sie darum auf die Sorte, wenn Sie sich Erdbeerpflanzen besorgen. Zu den schmackhaften gehören: 'Senga Sengana' (eine gute Standardsorte), 'Senga Litessa', 'Mieze Schindler' (trotz des albernen Namens eine sehr schmackhafte, alte Sorte) 'Macherauchs Marieva' (schmackhaft), 'Regina', 'Splendida', 'Tenira', 'Elvira' und 'Korona'. Wenig Geschmack haben: 'Red Gauntlet', 'Hummi Ferma', 'Gorella' und 'Sivetta'. Zu den mehrfach tragenden Sorten gehören: 'Macherauchs Dauerernte', 'Sperlings Bowlenzauber' (auch besser als ihr Name), 'Ostara', 'Nonstop' und die Kletter-Erdbeeren. Klein, aber fein (im Aroma) sind die rankenlosen Monatserdbeeren mit Sorten wie 'Rügen' und 'Baron Solemacher'.

Als nächstes müssen Sie auf gute Pflanzware achten. Nehmen Sie nicht irgendwelche windigen Ablegerchen, die beim Ausputzen des Erdbeerbeets anfallen. Ihre Pflanzen sollten mindestens drei ausgewachsene Blätter, eine kräftige Herzknospe und üppiges Wurzelwerk aufweisen. Achten Sie auf gute Gesundheit. Garantiert virus- und älchenfreie Erdbeerpflanzen sind teurer, aber lohnend.

Wenn Sie von eigenen Ablegern vermehren, so nur von besten »Müttern«. (Rechtzeitig markieren!) Um gute Ableger zu bekommen, müssen Sie im Juni/Juli den Boden zwischen den Reihen lockern und mit Kompost anreichern. Sehr gutes Ballen-Pflanzgut bekommen Sie, wenn Sie kräftige Ableger noch an der »Nabelschnur« in ein mit Kompost gefülltes, im Bo-

den versenktes Blumentöpfchen pflanzen. Gute Bewässerung ist um diese Zeit besonders wichtig.

Die beste Pflanzzeit für Erdbeeren ist der Juli. Kräftige Ableger bekommen Sie aber meist erst im August. Das reicht auch noch. Das zukünftige Erdbeerbeet soll schon im Frühjahr tief und gründlich mit der Grabgabel umgegraben und mit Kompost (und wenn nötig Torf) in einen lockerhumosen, unkrautfreien Zustand gebracht werden. Als Vorkultur eignen sich Erbsen oder Gelbsenf. Wichtig ist, daß der Boden nach dem Lockern Zeit zum Setzen hat, bevor die jungen Erdbeerpflanzen hineinkommen. Vor dem Pflanzen wird der Boden dann nur noch oberflächlich gekrümelt und noch einmal mit reifem Kompost angereichert.

Gut verrottete Komposterde kann man auch unmittelbar in die Pflanzlöcher geben. Achten Sie beim Pflanzen

Verschiedene Erdbeersorten und Mischkultur mit Knoblauch garantieren Ihnen eine lange und gute Ernte.

darauf, daß die Herzknospe nicht zugeschüttet wird, aber auch nicht zu hoch aus dem Boden ragt. Überprüfen Sie das noch einmal, nachdem Sie angedrückt und ordentlich gewässert haben. Pflanzen Sie in Abständen von etwa 25 cm mit Reihenabständen um 70 cm (2 Reihen pro Beet). Sehr dankbar sind Erdbeeren für eine Bodenbedeckung aus Holzhäcksel, Hobelspänen, Rindenmulch, Laub oder Nadelstreu. Natürlich darf das bei den jungen Pflänzchen nur dünn aufgetragen werden.

Wenn Sie nicht zu spät (nach dem 20. August) gepflanzt haben, dann können Sie schon im nächsten Jahr mit einer stattlichen Ernte rechnen. Im dritten Jahr pflegt der Ertrag schon nachzulassen. Deshalb sollten Sie alljährlich ein Drittel der gewünschten Erdbeerfläche neu mit Ablegern bepflanzen. Nach etwa drei

Generationen sollte man sich wieder neues Pflanzgut besorgen, vielleicht eine andere Sorte.

Kultur-Erdbeeren brauchen reichlich Wasser und Nährstoffe, um die Fruchtmengen hervorbringen zu können, die man ihnen angezüchtet hat. Für beides ist eine ständige Mulchdecke eine gute Voraussetzung – die zudem das Unkrautproblem weitgehend löst. (Mit einer schwarzen Mulchfolie brauchen Sie sich um Unkraut überhaupt nicht mehr zu kümmern.) In der Zeit von der Blüte bis zur Ernte brauchen die Pflanzen besonders viel Wasser. Durch zusätzliches Wässern (je nach Witterung) kann man den Fruchtansatz erheblich steigern.

Die Düngung mit Kompost und organischem Dünger und/oder mit Mineraldünger sollte bei Neupflanzungen im Frühjahr vor der Pflanzung,

Grobes Stroh hält Erde und Feuchtigkeit von den Früchten.

Beeren – eine Köstlichkeit am Rande

bei älteren Kulturen nach der Ernte erfolgen. Die Düngung nach der Ernte fördert besonders die Blütenbildung, während eine mögliche zweite Düngung ganz früh im Jahr (Spätwinter) vor allem die Blattbildung fördert. Eine zu kräftige Blattausbildung birgt die Gefahr, daß die Früchte nach Regenfällen nicht schnell genug abtrocknen können und damit für Grauschimmel anfällig werden. Wer auf Mineraldünger nicht verzichten kann, sollte etwa 600 g Volldünger (»Blaukorn«) je 10 m² für die Düngung nach der Ernte und etwa 300 g für die Spätwinter-Düngung vorsehen.

Bei mehrjährigen Kulturen empfiehlt es sich, nach der Ernte die alten Erdbeerblätter mit Sichel, Heckenschere oder Gartenschere abzuschneiden. Achten Sie darauf, daß die Herzblätter verschont bleiben. Auf jeden Fall müssen die Ranken abgeschnitten (nicht abgerissen) werden. Bei der Gelegenheit sollte auch Unkraut gejätet und der Boden oberflächlich gelockert werden.

Sehr verbreitet ist die Grauschimmelfäule, der so manche Früchte zum Opfer fallen. Vorbeugend ist folgendes zu tun:
- Lichter, luftiger Stand.
- Niemals abends gießen.
- Möglichst nur zwischen den Reihen und nicht über die Pflanzen gießen.
- Möglichst trockenes Mulchmaterial (Stroh, Rindenmulch), verwenden, keinen Rasenschnitt.
- Steinmehl streuen.

Sollte dies alles nichts nützen, müssen Sie zu Beginn der Blüte mit einer 0,25%igen Euparenlösung spritzen.

Himbeeren: Weil sich Himbeeren, ihrer weichen Natur nach, den harten Bedingungen des Großanbaus und der Vermarktung verweigern, be-

Himbeeren am Zaun dienen doppeltem Zweck, und man spart sich ein eigenes Rankgerüst.

kommt man sie selten frisch zu kaufen. Da sie andererseits mit ihrem wunderbaren Aroma einen Hauch von Paradies in unser Leben bringen, sollte man sie wo immer möglich auch im kleinsten Garten anbauen.

Himbeeren sind typische »Schlag-Pflanzen«, das heißt sie wachsen dort im Wald, wo Holz geschlagen wurde, oder an Waldrändern. Sie lieben demgemäß sehr humusreiche, dauerfeuchte und leicht saure Böden, Windschutz und etwas Halbschatten. Sorgen Sie also vor allem für eine ständige Bodenbedeckung mit Rindenmulch, Nadelstreu oder Hobelspänen. An Düngung genügt Kompost im Frühjahr, Hornmehl oder verrotteter Schweinemist im Herbst. Ab und zu etwas Holzasche kommt dem Kalibedarf entgegen.

Himbeeren leben in einem ausgesprochenen Zweijahres-Rhythmus: Aus den weit herumstreichenden Wurzelausläufern treiben im Frühjahr

Beeren – eine Köstlichkeit am Rande

mehrere Triebe, die stattliche Blätter, aber keine Blüten ausbilden. Erst im nächsten Jahr setzen sie dann Blüten und Früchte an und sterben danach ab – während die nächste Generation schon wieder herangewachsen ist. Man vermehrt wie bei den Erdbeeren vegetativ, hier über Wurzelausläufer mit jungen Trieben, die Sie beim

Gärtner bekommen. Die beste Pflanzzeit ist September bis Oktober oder das zeitige Frühjahr. Empfehlenswerte, da robuste und ertragreiche Sorten sind 'Malling Promise', 'Zewa 2' und 'Schönemanns'. Die alten Sorten 'Deutschland' und 'Preußen' haben ein kräftiges Aroma, sind aber weniger robust und ertragreich. Bei

Gibt es etwas Köstlicheres?

Beeren – eine Köstlichkeit am Rande

den Sorten 'Herbsternte' und 'Korbfüller' blühen die jungen Ruten schon im ersten Jahr (im Juli/August) und tragen bis in den Herbst.

Himbeerruten brauchen einen Halt. Pflanzen Sie darum an Ihren Zaun oder spannen Sie zwischen abgestützten Pfosten drei Drähte. Es gibt praktische Plastikschlaufen, mit denen Sie die Ruten rasch an den Drähten befestigen können. Den Boden des Himbeerbeetes sollten Sie gut lockern und mit viel Kompost und ausnahmsweise etwas Torf humusreich machen. Die jungen Pflanzen werden nicht zu tief im Abstand von etwa 50 cm gepflanzt und kräftig angegossen. Wenn Sie mehrere Reihen anlegen, sollten Sie fast den dreifachen Abstand zwischen den Reihen lassen. Die Ruten der Pflänzlinge werden im Frühjahr auf 4–5 Augen (Knospen) zurückgeschnitten.

Himbeeren sind anfällig für die Rutenkrankheit, einen Pilzbefall, und in ihren Früchten läßt sich gerne die Made des Himbeerkäfers nieder (»Würmer«). Wenn Standort und Bodenpflege stimmen, dürfte sich die Rutenkrankheit (zumal bei den genannten modernen Sorten) in Grenzen halten. Man erkennt sie an violetten Rindenflecken an jungen und silbrigen, beziehungsweise schwarzen Flecken an alten Trieben: Die Pflanzen treiben dann nicht weiter aus oder sterben ab.

Neben guter Bodenpflege (Mulch!) ist wichtig, daß man gleich nach dem Ernten die abgetragenen Ruten ganz dicht am Boden abschneidet und verbrennt. Auch schwache Triebe sollen im Herbst entfernt werden, so daß höchstens 5–7 kräftige je Pflanze übrigbleiben. Zweimal tragende Sorten werden erst im Frühjahr völlig zurückgeschnitten; im Juni nimmt man außerdem ihre schwachen Neutriebe heraus.

Übrigens: Bei herbsttragenden Sor-

Dornenlose Brombeeren als kletternde Zierpflanze und Fruchtspender.

Beeren – eine Köstlichkeit am Rande

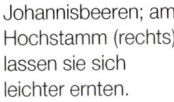
Johannisbeeren; am Hochstamm (rechts) lassen sie sich leichter ernten.

ten hat man weder mit der Rutenkrankheit noch mit der Made Probleme.

Brombeere: Die schönen schwarzen Beeren (besser: Sammelfrüchte) mit dem etwas herben Geschmack waren bisher vielen Gartenfreunden allzu gut hinter Dornen versteckt. Neue, dornenlose Sorten haben der Brombeere neue Freunde gewonnen.

An den Boden stellen Brombeeren sehr geringe Ansprüche. Mehr schon ans Klima, denn in sehr kalten Wintern kommt es immer wieder zu Rankenausfällen. Freilich treiben die Pflanzen dann wieder neu aus. Neben der altbekannten, sehr dornigen Sorte 'Theodor Reimers' gibt es heute auch dornenlose Sorten mit gutem Geschmack und reichem Ertrag. So 'Thornfree' und 'Black Satin'. Sie bringen viele und sehr große Früchte her-

vor, die ganz ausreifen müssen, um ihr volles Aroma zu entfalten. Mit ihrem feingliedrigen Laub sieht die rankende Sorte 'Thornless Evergreen' sehr hübsch aus (auch noch in der kalten Jahreszeit), der Geschmack ihrer Früchte erinnert aber nur noch entfernt an Brombeeren.

Rote Johannisbeere: Man merkt es den Johannisbeeren noch an, daß sie als Wildsträucher bei uns heimisch sind: sie wachsen willig und stellen keine hohen Ansprüche. Als Waldsträucher mögen sie einen humusreichen, etwas kalkhaltigen, gut durchlüfteten, dabei ausreichend feuchten Boden.

Ich rate Ihnen, mindestens einen Strauch je Familienmitglied zu pflanzen, auch wenn Ihr Garten klein ist. Da Johannisbeeren etwas Halbschat-

Beeren – eine Köstlichkeit am Rande

Nur bei guter Pflege werden jedes Jahr große Johannisbeer-Trauben ausgebildet.

ten vertragen, finden Sie sicher einen Platz. Besorgen Sie sich Ihre jungen Johannisbeersträucher nur aus geprüftem Anbau, da andere Pflanzware die Sorteneigenschaften oft verloren hat. Empfehlenswerte Sorten sind 'Jonkheer van Tets', 'Red Lake' und 'Heros'. Von allen Johannisbeeren gibt es Sträucher, Halbstämmchen und Hochstämmchen. Hochstämmchen haben auch im kleinsten Garten noch Platz und sehen aus wie Oran-

genbäumchen im Rokokogarten. Außerdem sind sie leicht zu ernten. Gegen Schneedruck und zu schweren Fruchtbehang muß man sie allerdings schützen: mit Stützen.

Sorgen Sie für eine tiefgründige Bodenlockerung und Bodenverbesserung dort, wo Sie Ihre Beerensträucher pflanzen wollen, denn später können Sie wegen den flach hinstreichenden Wurzeln außer Mulchen und Jäten nicht mehr viel tun. Wie bei al-

Beeren – eine Köstlichkeit am Rande

len Gehölzpflanzungen tun Sie gut daran, die Wurzeln Ihrer Pflanzware in einen dünnen Lehmbrei zu tauchen, bevor Sie die jungen Sträucher ruhig etwas tief in den Boden bringen. Der Abstand zwischen den Sträuchern sollte etwa 1,50–1,80 m betragen. Nach dem Pflanzen gut angießen, für Bodenbedeckung sorgen (z. B. Stroh) und die Triebe auf ein Drittel ihrer ursprünglichen Länge einkürzen (sofern das nicht schon der Gärtner getan hat). Man kann im Herbst und im zeitigen Frühjahr pflanzen.

Johannisbeeren tragen auch noch, wenn man sich überhaupt nicht um sie kümmert. Die Beeren werden dann aber von Jahr zu Jahr kleiner, die Trauben kürzer, und das Pflücken

Unvergleichlich: der Saft aus Schwarzen Johannisbeeren.

macht dann keinen Spaß mehr. Darum ist eine ordentliche Pflege wichtig, und die besteht hauptsächlich aus einer mäßigen, ausgewogenen Düngung, einer (damit verbundenen) ständigen Bodenbedeckung (Flächenkompostierung) und einem sachgerechten Schnitt. Da Rote und Weiße Johannisbeeren am zwei- und dreijährigen Holz tragen, muß man alle älteren Triebe im Herbst tief am Boden abschneiden; man erkennt sie an der dunklen Rinde. Bei diesem Herbstschnitt entfernen Sie auch alle schwachen Jungtriebe nahe am Boden und lassen nur soviel kräftige nachwachsen, wie sie alte entfernt haben. Mehr als 10 Triebe sollten die Sträucher nicht haben. Kürzen Sie Triebverlängerungen und nehmen Sie überflüssige Seitentriebe (sogenannte Reiter und Konkurrenztriebe) soweit heraus, daß Ihre Sträucher im laublosen Zustand einen luftigen, aber nicht spirrlichen Eindruck machen. Das neue Laub soll von allen Seiten Licht und Luft bekommen. Damit wird auch die Gefahr des Blattrostes vermindert, der leider oft zu frühem Laubfall führt.

Schwarze Johannisbeere: Während die Roten Johannisbeeren ursprünglich im Bergwald zuhause waren, stammt die Schwarze aus Auwäldern der Niederungen. Darum sollte man ihnen einen Standplatz mit gut feuchtem, dabei aber humos durchlässigem Boden geben. Etwas schattig kann er ruhig sein.

Im allgemeinen wird empfohlen, auf drei Rote Johannisbeer-Sträucher einen Schwarzen zu pflanzen. Das ist nun aber wirklich Geschmackssache. Zwar sind die Schwarzen Beeren roh nicht jedermanns Geschmack, dafür kann man vom (dampfentsafteten) Saft dieser überaus gesunden Früchte

Beeren – eine Köstlichkeit am Rande

gar nicht genug haben. Und da die Schwarzen meist geringere Erträge je Strauch bringen, meine ich schon, daß auch hier jedes Familienmitglied wenigstens einen Strauch besitzen sollte. Gute Sorten sind: 'Wellington XXX', 'Daniels September' und 'Rosenthals langtraubige Schwarze'. Die viel verwendete 'Silvergieters Schwarze' bringt zwar gute Erträge, ist aber weniger würzig und vitaminreich.

Gepflanzt wird wie bei den Sträuchern der Roten Johannisbeere, mindestens eine Handbreit tiefer als die erste Verzweigung. Das gibt zusätzliche Wurzeln. Die Pflanzabstände sind etwas größer: reichlich 2 m. Auch der Boden wird entsprechend vorbereitet und schließlich mit einer Mulchschicht versehen, die immer wieder erneuert wird. Wenn das mit halbverrottetem Kompost und Mist geschieht, so reicht das bereits zur vollständigen Düngung.

Im Gegensatz zu den Roten, tragen die Schwarzen Johannisbeeren bereits am einjährigen Holz. Sie müssen im Herbst also alle abgetragenen Triebe dicht am Boden herausschneiden und eine entsprechende Zahl kräftiger Jungtriebe stehenlassen. Insgesamt sollten die Sträucher nicht mehr als acht Hauptäste haben. Sorgen Sie für Luft und Licht auch im Innern der Strauchkrone, indem Sie viele der nach innen wachsenden Seitentriebe entfernen.

Noch ein Tip, wenn Sie Sauerkirschen im Garten haben: Sie mögen die Nachbarschaft von Schwarzen Johannisbeeren.

Hochstamm-Stachelbeeren müssen gut abgestützt werden, wenn sie reich tragen. Dafür sind sie handlicher und weniger mehltauanfällig.

Stachelbeeren: Stachelbeeren sind nah verwandt mit den Johannisbeeren und wachsen auch an ähnlichen Orten, in etwas feuchten, lichten Wäldern. Auch sie kann man als Strauch, Halb- oder Hochstamm kaufen. Es gibt viele, gute Sorten, die sich in Geschmack, Größe, Farbe, Zeit der Reife unterscheiden. Da kann ich Ihnen die Qual der Wahl kaum abnehmen. Leider sind alle etwas anfällig für Mehltau, eine Pilzkrankheit, die besonders die Triebspitzen befällt. Zu reichliche Stickstoffdüngung fördert den Mehltaubefall, ebenso zu warme und trokkene Standorte. Schneiden Sie die befallenen Triebe ab und verbrennen Sie sie.

Beim Pflanzen der Sträucher sollten Sie einen Abstand von 1,50 m einhalten. Wenn Sie nicht ein ausgesprochener Stachelbeer-Fan sind, genügen, meine ich, zwei Sträucher für eine vierköpfige Familie. Am meisten schätzt unsere Familie Stachelbeermarmelade ohne Schalen (das gekochte Mus durch ein grobes Sieb passieren) und Stachelbeersaft.

Auch bei der Stachelbeere ist der Schnitt wichtig. Sie trägt am ein- und zweijährigen Holz und muß entsprechend verjüngt werden, indem man alle älteren Triebe dicht über dem Boden herausschneidet. Insgesamt soll man einem Strauch nicht mehr als etwa 10 Triebe lassen. Ein Auslichten der Krone kommt nicht nur den Früchten, sondern auch Ihren Händen beim Ernten zugute. Hochstämmige Stachelbeerbüsche sind zwar etwas bruchgefährdet, lassen sich aber viel leichter pflegen und ernten – und sehen hübsch aus.

Obstbäume im Kleinformat

Spindelbäume und Spalierobst

Nicht nur die immer kleiner werdenden Hausgärten, auch die Zwänge eines rationalisierten Obstbaus führen dazu, daß die prächtigen Obstbaumgestalten, die noch heute manche Landschaft prägen, am Aussterben sind. An ihre Stelle rücken frühreife Zwerge, nach deren Früchten man sich nicht mehr groß strecken muß, die allerdings vielfach auch das eigene Standvermögen eingebüßt haben: sie müssen zeitlebens am Stock – gehen, hätte ich beinahe gesagt.

In den Baumschulen bekommt man sie als »Spindelbüsche« mit 50–60 cm Stammhöhe, als »Büsche« mit 60–80 cm, als »Viertelstämme« mit 80–100 cm, als »Halbstämme« mit 100–200 cm und als »Hochstämme« mit 160–180 cm hohem Stamm. Für den platzsparenden und klimatisch begünstigten Standort an der Hauswand bekommt man Spalier- oder Formbäume mit eindimensional ausgebreiteten Ästen. Da ist auch für den kleinsten Garten noch eine Birne oder ein Pfirsich am Haus oder ein Apfelbäumchen im Rasen »drin«.

Beim Pflanzen eines Spaliers muß man zunächst einmal die Bodenverhältnisse am gewünschten Standort genau prüfen. Nahe der Hauswand werden ja vielfach Kiespackungen eingebracht, um die Bodenfeuchtigkeit vom Fundament fernzuhalten. Die muß auf eine Breite von 100–150 cm und auf eine Tiefe von 50–80 cm entfernt werden. Nach vorne muß das Pflanzloch Anschluß an den gewachsenen Boden bekommen. Die Wand im Bereich des Pflanzloches kann mit Dachpappe, einer kräftigen Folie, mit Welleternit oder dergleichen isoliert werden. Wie groß die Grube zwischen Wand und Vor-

derkante zu werden hat, hängt von der Größe des Wurzelkörpers ab; meist werden hier 50 cm genügen.

Den größten Teil des vorn abgegrabenen Bodens können wir im Pflanzloch so verteilen, daß unser Spalierbäumchen eine seinem Wurzelwerk entsprechende Tiefe vorfindet: 40–50 cm reichen sicher. Den Rest des Bodenaushubs vermischen wir in der Schubkarre mit gut verrotteter Komposterde und füllen damit behutsam das gesamte Pflanzloch rund um das Wurzelwerk auf. Da sich später alles noch um etwa 10 cm absetzt, muß der Baum entsprechend höher gepflanzt werden. Der Boden wird dann rund um den Stamm etwas festgetreten und mit reichlich Wasser eingeschlämmt.

Birnen an der Hauswand, platzsparend und warm.

Obstbäume im Kleinformat

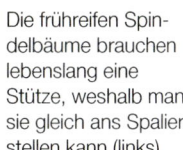
Die frühreifen Spindelbäume brauchen lebenslang eine Stütze, weshalb man sie gleich ans Spalier stellen kann (links).

Grundsätzlich lassen sich Spalierbäume auch ohne Gerüst, allein durch entsprechendes Beschneiden erzielen. Man spricht dann von freiem Spalier. Man tut sich aber mit dem Formieren viel leichter, wenn es an der Wand ein Gerüst gibt, an dem man widerspenstige Äste anbinden kann. Solche Gerüste können aus zwischen Mauerhaken gespannten Drähten bestehen oder aus Holzlatten. Aus Gründen der besseren Luftzirkulation empfiehlt es sich, das Gerüst mit einem Abstand von 10–20 cm von der Mauer anzubringen. Es ist Geschmacksache, ob Sie ein aus Senkrechten und Waagrechten oder ein aus Diagoalen bestehendes Kreuzgitter anbringen wollen. Und ob man die Äste des Baumes schräg nach

oben zieht oder, wie einen Kandelaber, erst waagrecht und dann senkrecht. In diesem zuletzte genannten Fall spricht man von Schnurbäumen – eine etwas altmodisch und eher unnatürlich wirkende Form des Spaliers.

Beim Pflanzen eines Obstspindelbaums im freien Garten verfährt man grundsätzlich genauso. Nur muß man hier noch vor dem Einsetzen des jungen Baumes einen kräftigen, mindestens 2 m langen Pfahl in die Pflanzgrube einschlagen, an dem der Spindelbaum den Halt findet. Man muß bedenken, daß die neuen Züchtungen bereits im zarten Alter von nur wenigen Jahren einen schweren Fruchtbehang zu verkraften haben. Man muß also notfalls auch noch die früchtetragenden Äste abstützen.

Von »Nützlingen« und »Schädlingen«

Wenn ich Gartenbesitzer frage, wo sie am meisten der grüne Schuh drückt, so bekomme ich als erstes immer »Blattläuse« zu hören. Ich kann das gut verstehen, da auch ich mich alle Jahre wieder darüber ärgere, was diese »lieben« Saugtierchen aus unseren stattlichen Hibiskuspflanzen machen, wenn wir sie im Herbst von der Terrasse auf die Fensterbank umquartiert haben. Da wimmelt es bald auf den vorher offenbar lausfreien Pflanzen. Ich schleppe dann mit viel Mühe die immerhin kindshohen Sträucher in die Badewanne und brause sie kräftig ab. Kurze Zeit später sind Blütenknospen und junge Triebe aber wieder voller Läuse. Da greife ich im Zorn dann schon einmal zum Gift, etwa zu Croneton, einem »systemischen« Mittel, das über den Boden von der Pflanze aufgenommen wird. Die Blattläuse verschwinden in der Tat (sie siedeln sich auf bisher verschmähten Zimmerpflanzen an!), aber mit der strotzenden Gesundheit unseres Hibiskus ist es auch vorbei. Er wirft Blätter und Knospen ab, und das Laub verliert seinen Glanz. Folge des Gifts oder etwa der zu hohen Zimmertemperatur?

Trotzdem: Man kann gar nicht skeptisch genug sein gegenüber Giften und ihren vielfältigen Nebenwirkungen. Im Garten noch viel mehr als am Blumenfenster. Denn ein Garten ist ein Ökosystem mit unzähligen Verbindungen zwischen allen Organismen. Als Scharfschütze kann man sich in einem solchen Netzwerk niemals betätigen, schon gar nicht mit Giften.

Ein Rotkehlchen im Garten ist ein Kompliment der Natur für den Gärtner.

Von »Nützlingen« und »Schädlingen«

Und wenn Sie einmal angefangen haben, an den Maschen dieses kunstvollen Gewebes zu reißen, dann haben Sie bald Löcher darin, die von sich aus immer größer werden. Sie merken es am zunehmenden Giftbedarf.

Pflanzen haben in der Natur nun einmal die Aufgabe, anderen Organismen als Nahrungsbasis zu dienen. Sie sind seit Jahrmillionen auf diesen »Dienst am Ganzen« eingeübt. Sie haben entweder Formen der Abwehr gefunden (Stacheln, zähe Hüllen, widerlichen Geschmack und auch Gifte), oder sie haben gelernt, mit »Schmarotzern« aller Art – vom Pilz bis zum Elefanten – zu leben.

Schauen Sie sich einmal Wildpflanzen daraufhin an: Manchmal werden sie regelrecht kahlgefressen (Erlen von Blattkäfern, Traubenkirschen von der Gespinstmotte), und ehe noch der Sommer seinen Höhepunkt erreicht hat, stehen sie wieder im vollen Grün da. Von Eichen weiß man, daß im Durchschnitt 180 Insektenarten (in vielen tausend Individuen) von einem einzigen Baum leben!

Wir sollten von dieser Gelassenheit der Wildpflanzen ein wenig lernen und nicht immer gleich hektisch nach der Feuerwehr rufen, wenn wir ein paar Blattläuse auf den Rosen entdecken. Zugegeben: Die meisten Gartenpflanzen sind längst keine Wildpflanzen mehr. Es sind hochgezüchtete oder exotische Luxusgeschöpfe, die sich mit dem harten Kampf ums Dasein schwer tun. Andererseits hängt unsere Existenz nicht davon ab, ob unser kleiner Küchengarten nun makellose Höchsterträge bringt oder nicht.

Ich meine, ein giftfreier Garten und entsprechend giftfreies Obst und Gemüse, die seien allemal ein wenig Verzicht auf Maximalernten und Hochglanzschönheit wert.

Im übrigen läßt sich mit guter Pflege und etwas Homoeopathie sehr viel erreichen. Bedenken Sie immer: 80 Prozent aller Krankheiten und »Schädlinge« sind die Folge unsachgemäßer Hege. Darum schreibt Marie-Luise Kreuter in ihrem empfehlenswerten Buch »Der Bio-Garten« im Kapitel »Kein Krieg im Garten: Aus Schädlingen wird man klug.« In der Tat: Jedes Unkraut, jede Blattlaus, jeder Mehltau sollte uns Hinweis sein auf unsere Fehler. Eine Pflanze, der es an nichts fehlt, die ist in der Regel auch gesund und widerstandskräftig gegen die kleinen Mitesser. Man kann es nicht oft genug sagen: Der Pflanzenschutz fängt beim Standort, bei der Bodenpflege, bei der richtigen Düngung, bei der gekonnten Mischkultur an.

Blattläuse sind lebendgebärend und können sich darum schnellstens vermehren. Mischkultur bremst die Ausbreitung.

98

Unkraut

Es ist wirklich ein sehr abwertendes Wort, das tief blicken läßt und an die Ideologie vom unwerten Leben erinnert. Aber mit der Umbenennung in Beikraut oder Wildkraut allein ist es auch noch nicht getan.

Wer etwas über den wirklichen Wert dieser ungebetenen Kräuter erfahren möchte, der muß sich schon ziemlich in die Pflanzenökologie und Pflanzensoziologie einarbeiten. Der muß sich einmal die Mühe machen, in der Natur sogenannte Sukzessionen zu studieren, das Aufeinanderfolgen verschiedener Pflanzengesellschaften auf Flächen, die man sich selbst überläßt. Da wird man dann bald entdecken, daß bestimmte Pflanzen nur an bestimmten Standorten und zu bestimmten Entwicklungsphasen auftreten.

In der Ökologie nennt man die ein- und zweijährigen Samen-Unkräuter, mit denen es der Gärtner meist zu tun hat, Pionierpflanzen. Ich meine, das hört sich schon viel positiver an. Diese Erstbesiedler kahler Flächen haben in der Natur die wichtige Funktion, Rohböden aufzuschließen oder Humusböden rasch zu bedecken. Mit oft weit in den Untergrund reichenden Wurzeln folgt dann zumeist eine zweite Generation mehrjähriger Stauden; und am Ende solcher oft Jahrzehnte oder sogar Jahrhunderte dauernder Entwicklungen steht hierzulande im allgemeinen ein Mischlaubwald.

Mulch und Mischkultur halten den Garten und seine Erzeugnisse gesund.

Von »Nützlingen« und »Schädlingen«

Im Garten können wir uns diese positiven Eigenschaften der Wildkräuter in doppelter Weise zunutze machen: als Mittel der Bodendiagnose (siehe »Zeigerpflanzen« im Boden-Kapitel) und als Mittel zur Bodenverbesserung (auch darüber sprachen wir bereits im Zusammenhang mit der Gründüngung). Hinzu kommt noch ein Drittes: Manche Wildkräuter sind für unsere Nutzpflanzen nicht nur lästige Konkurrenten, sondern so eine Art Schutzengel. Sie strömen feinste Düfte und Substanzen aus, die solche Insekten nicht mögen, die auf Kohl und ähnliches Appetit haben. Von der Mischkultur insbesondere mit Gewürzkräutern wissen wir da schon so einiges – von ähnlichen Auswirkungen gewöhnlicher Unkräuter ahnen wir mehr, wenn wir die gesunde Pracht natürlicher Pflanzengesellschaften bewundern. Hier ein wenig zu experimentieren, wäre die geringe Mühe wert.

Die Liebe zur Natur darf uns allerdings nicht den Blick dafür verstellen, daß eine Pflanzenkultur eben nur begrenzt als Natur aufzufassen ist. Wir hätten wenig zu ernten, wenn wir unsere Schützlinge ungeschützt dem Wettbewerb mit Brennesseln und Klettenlabkraut ausliefern würden. Bodenbearbeitung, Mulchen und Jäten gehören nicht umsonst zu den wichtigsten Arbeiten im Garten. Sie sind notwendig und ökologisch zulässig – solange wir dabei auf Gift verzichten. (Als Gift bezeichne ich hier auch Wuchsstoffmittel, an denen sich Pflanzen zu tode wachsen.)

Ich möchte behaupten: Wer es nicht schafft, seinen Wildkräutern im Garten mit Hacke, Spaten, Sichel, Mulch oder Händen Herr zu werden, der soll seinen Boden lieber mit Steinplatten belegen, als nach der chemischen Keule zu greifen.

Pflanzenkrankheiten

Merkwürdigerweise gehen die meisten sogenannten Pflanzenkrankheiten nicht wie bei Mensch und Tier auf Bakterien oder Viren, sondern auf Pilze zurück. Die entsprechenden Pilzsporen sind aber ebenfalls allgegenwärtig, so daß weniger die Pilzhäufigkeit, als vielmehr die Widerstandskraft der Pflanzen darüber entscheidet, ob eine Infektion eintritt oder nicht. Das A und O bei Pflanzenkrankheiten sind vorbeugende Maßnahmen, da Pilzkrankheiten im akuten Zustand praktisch nicht zu behandeln sind. Und die wichtigsten vorbeugenden Maßnahmen sind solche, die die Gesundheit und Widerstandskraft der Pflanzen fördern. Darüber hinaus kann man den Pilzen – die es alle feucht-warm-windstill-dunkel mögen – das Leben schwer machen, indem man, z. B. durch nicht zu engen Stand, jeder Pflanze genügend Platz, Licht und bewegte Luft verschafft. Im biologischen Gartenbau wird vorbeugend Schachtelhalmbrühe, im konventionellen Kupferlösung gesprüht.

Gottlob sind selbst unsere hochgezüchteten Nutzpflanzen immerhin noch so vital, daß sie nur ausnahmsweise von Pilzkrankheiten befallen werden – die einen mehr, die anderen weniger. Die häufigsten Krankheiten im Gemüse- und Beerenobstgarten – die teilweise schon bei den einzelnen Arten angesprochen wurden – sind:

– Brombeerrankenkrankheit
– Grauschimmel (siehe S. 6)
– Kohlhernie
– Kraut- und Braunfäule
– Mehltau (siehe S. 93)
– Rutenkrankheit der Himbeere (siehe S. 8)
– Säulenrost der Schwarzen Johannisbeere.

Von »Nützlingen« und »Schädlingen«

Die Brombeerrankenkrankheit erkennt man an den roten Flecken (links). Manche Erdbeersorten sind weniger empfänglich für Grauschimmel (rechts).

Die Brombeerrankenkrankheit tritt im Sommer an jungen Ranken in Form von etwa 2 cm großen rötlichen Flecken auf, die später in der Mitte braun werden. Bei nur leichtem Befall bilden diese Ranken im nächsten Jahr weniger und kleinere Früchte; bei stärkerem Befall sterben sie ab. Junge Ranken sollte man vorbeugend frühzeitig hochbinden, abgestorbene abschneiden und verbrennen. Wo die Krankheit im Vorjahr aufgetreten ist, sollte man die jungen, noch nicht tragenden Ranken mit Schachtelhalmbrühe oder Kupferlösung spritzen, wenn sie 30–50 cm lang sind.

Der Grauschimmel ist zumindest jedem Erdbeerfreund bekannt. Er befällt aber auch Bohnen, Gurken, Paprika, Salat und Tomaten. Dort tritt er vielfach nicht als grauer »Mäusepelz« (wie bei Erdbeeren, Brombeeren und Himbeeren), sondern in Form glasiger oder (bei Tomaten) ringförmiger Flecken auf. Auch Faulstellen bei (gelagerten) Möhren gehen meist auf den Grauschimmel zurück. – Hohe Luftfeuchtigkeit fördert den Grauschimmel. Sorgen Sie für luftigen Stand. Vielleicht überdachen Sie in regenreichen Jahren sogar Ihre Erdbeerbeete – aber nicht zu niedrig! Und seien Sie zurückhaltend mit Stickstoffdüngern.

Die Kohlhernie tritt als klumpenförmige Gewebewucherungen an den Wurzeln von Kohlgewächsen auf und wird durch einen Schleimpilz hervorgerufen. Die Krankheit tritt besonders auf feuchten, verdichteten, luftarmen, sauren Böden auf. – Eine entsprechende Bodenbearbeitung (Lockerung) und Kalkung beugt der Krankheit vor. Außerdem sollte man auf einem Kohlbeet erst nach mehreren Jahren wieder Kohl pflanzen.

Die Kraut- und Braunfäule verursacht an Laub und Früchten von Kartoffeln und Tomaten graugrüne, später braunschwarze Flecken. Teilweise sterben die Blätter ab. – Nässe und hohe Luftfeuchtigkeit fördern die Infektion. Gießen Sie Ihre Tomaten da-

Von »Nützlingen« und »Schädlingen«

her nie über die Blätter, halten Sie genügend große Pflanzabstände ein und geben Sie ihnen womöglich Regenschutz, wenn es längere Zeit regnet.

Der Mehltau ist uns schon bei den Stachelbeeren begegnet. Man unterscheidet Echten und Falschen Mehltau, die beide von verschiedenen Pilzen hervorgerufen werden. Der Echte Mehltau überzieht Blätter, Triebe und Früchte von Erbsen, Gurken, Erdbeeren und Stachelbeeren mit einem mehligen bis pelzigen Belag. Der Falsche Mehltau ruft auf der Blattoberseite gelbbraune Flecken, auf der Blattunterseite violettgraue Schimmelrasen bei Erbsen, Gurken, Kohl, Salat, Spinat und Rhabarber hervor. Echter Mehltau tritt besonders bei trockenheißem, Falscher bei feucht-warmem Wetter auf. – Durch die Wahl mehltau-resistenter Sorten und ausreichend luftigen Anbau können Sie das Problem weitgehend vermeiden.

Die Rutenkrankheit der Himbeere wird durch verschiedene Pilze hervorgerufen, die an Stellen beschädigter Rinde eindringen. Blauviolette Flecken an jungen Ruten, silbrigweiße Rindenverfärbung an älteren und schwarze Flecken am Rutenfuß sind die typischen Symptome. Die Ruten sterben ab oder die Pflanzen treiben nicht mehr aus. – Die besten Vorbeugungsmaßnahmen sind gute Humusversorgung, ständige Bodenbedekkung (Mulch) und ausgewogene Düngung. Sorgen Sie vor allem auch dafür, daß die Ruten nicht beschädigt werden. Befallene Ruten sollten Sie tief am Boden abschneiden und verbrennen.

Der Säulenrost tritt bei der Schwarzen Johannisbeere als rostbraune Flecken an der Blattunterseite auf. Die Blätter fallen dann vorzeitig ab, was eine Schwächung der Sträucher zur Folge hat. – Diese Krankheit ist oft ein Zeichen mangelhafter Düngung und Humusversorgung. Da die Weymouthkiefer Zwischenwirt des Rostpilzes ist, sollten Sie sich für Kiefer oder Johannisbeere entscheiden.

Links: Amerikanischer Stachelbeermehltau. Rechts: Die Braunfäule der Tomate ist oft die Folge von zuviel Regen.

102

Von Florfliegen, Blattläusen und anderen Tieren

Grundsätzlich können alle pflanzenfressenden Tiere zum Schädling werden – von der Blattlaus bis zum lieben Bambi. Was ich eingangs über das Studium von Pflanzengesellschaften und ihre Entwicklung im Zusammenhang mit den Unkräutern sagte, das gilt auch für die »Untiere« des Gartens: Sie sind Teil einer komplexen Lebensgemeinschaft, in der alles mit allem zusammenhängt. Bei den Tieren sind es vor allem die sogenannten Räuber-Beute-Beziehungen, die das Wirkungsgefüge bestimmen. (Die Bezeichnung Räuber ist leider genauso ungeschickt, wie die vom Unkraut, zumal wenn es sich dabei um so nette Tierchen, wie den Marienkäfer oder das Rotkehlchen handelt. Als »Jäger« wären sie besser gekennzeichnet.)

In der Ökologie spricht man vornehm-zurückhaltend von Konsumenten erster und höherer Ordnung, wenn man pflanzenfressende von fleischfressenden Tierarten unterscheiden will. Außerdem kennt man noch die Gruppe der Abfall- oder De-

tritusfresser, die von Aas oder Pflanzenabfällen leben. Doch das nur der Vollständigkeit halber. Wichtig für den Garten ist die Kenntnis vom dynamischen Gleichgewicht, das durch die Vermehrungstendenz der Arten (oder Populationen = Bevölkerungen) einerseits und durch deren Begrenzung andererseits gekennzeichnet ist. Daß die Vermehrung einer Art in Grenzen bleibt, dafür sorgen viele Faktoren: das Nahrungsangebot, klimatische Bedingungen, Seuchen, eigene Verhaltensweisen und nicht zuletzt eben die »Räuber« oder »Freßfeinde« der Art.

Auch in der Ökologie hat jeder Topf seinen Deckel, jedes Tierchen seinen Jäger. Wir sollten auch im Garten versuchen, dieses dynamische Gleichgewicht zwischen natürlicher Vermehrung und natürlicher Bevölkerungskontrolle zu fördern. Dazu brauchen wir ein bißchen Geduld. Wenn wir gleich bei den ersten Blattläusen nach der Giftspritze greifen, dann verhindern wir damit, daß sich Florfliegen und Marienkäfer – ihre natürlichen Jäger – mit entsprechender Vermehrung auf das nahrhafte Angebot einstellen.

Als Grundregel kann gelten: Jeder

Links: Die Florfliege (und ihre weniger hübsche Larve) vertilgt große Mengen Blattläuse.
Rechts: Laufkäfer dagegen bevorzugt die allseits gehaßten Schnecken.

Von »Nützlingen« und »Schädlingen«

Versuch einer Schädlingsvernichtung vernichtet zuerst einmal die natürlichen Feinde des Schädlings – entweder direkt durch Giftwirkung oder durch Nahrungsentzug. Die Folgen können Sie sich ausmalen: Ihr Garten wird drogensüchtig. Wer einmal spritzt, muß immer wieder und immer mehr spritzen.

Mit dieser ökologischen Moral im Sinn, können wir uns jetzt den einzelnen »Bösewichtern« zuwenden.

Blattläuse sind zweifellos die häufigsten Mitesser im Gemüsegarten. Sie kommen in vielerlei Arten vor. Daß sie so häufig sind, zeigt, daß die Pflanzenwelt ihnen Jahrhunderttausende recht tolerant gegenüber war. Eine gesunde Pflanze verkraftet die kleinen Sauger in ziemlichen Mengen. Und wir sollten nicht vergessen, daß wir ihnen den köstlichen Waldhonig verdanken. Tatsächlich leben nicht nur Honigbienen, sondern unzählige weitere Insekten (darunter viele auch dem Menschen nützliche) von den süßen Ausscheidungen der Blattläuse.

Nun, im Gemüsegarten wollen wir Gemüse und nicht Honig erzeugen. In welchem Umfang beeinträchtigen Blattläuse dieses Ziel? Kein Zweifel:

Starker Blattlausbefall kann zu Wachstumsstockungen und Ertragsminderungen führen – beim Gemüse etwa durch die Schwarze Bohnenlaus oder die Mehlige Kohlblattlaus. Gerade für den Hobbygärtner sind aber offenbar weniger derlei zumeist verschmerzbare materielle Opfer der eigentliche Grund zur Aufregung, als vielmehr der unerfreuliche Anblick eines mit Blattläusen dicht gespickten Jungtriebes oder der vom schwarzem Rußtaupilz verunzierten Blätter, auf die der süße Saft der Läuse gefallen ist. Ich bin der Meinung, im kleinen Küchengarten könne man vollständig auf Feldzüge gegen Blattläuse verzichten, zumal es zwischen ökologischem Regulativ durch natürliche Feinde und Giftspritze (z. B. Heptenofos) kaum eine dritte Lösung gibt.

Aus der Gruppe der **Käfer** ärgern uns im Gemüsegarten vor allem winzige Blattkäfer, die man wegen ihrer ungewöhnlichen Sprungleistungen als Erdflöhe bezeichnet. Sie haben es vor allem auf die Blätter von Rettichen, Radieschen und anderen Kohlverwandten abgesehen, in die sie runde Löcher fressen. Bei trockenem Wetter und gehemmtem Wachstum sehen

Links: Mehlige Kohlblattläuse. Rechts: Marienkäferlarven gehören zu den großen Blattlausvertilgern.

Von »Nützlingen« und »Schädlingen«

Links: Der Erdbeer-
blütenstecher, eine
Rüsselkäfer-Art, rich-
tet diese Schäden an.

Rechts: Erdflöhe sind
kleine Blattkäfer, die
es besonders auf
junge Radieschen-
blätter abgesehen
haben.

Die Maden der
Möhrenfliege verursa-
chen Krüppelwuchs
und schädigen die
Möhren schwer.

die Blätter manchmal nur noch wie
Gerippe aus, was zur Vernichtung der
Keimlinge führen kann. – Das beste
Mittel gegen diese Plagegeister ist
gleichmäßige Bodenfeuchtigkeit, das
hemmt die Erdflöhe und hilft den
Pflanzen, rasch aus dem besonders
gefährdeten Jugendstadium herauszu-
wachsen.

Verglichen mit dem Erdfloh, sind
die anderen Käferschädlinge im Gemüsegarten ohne große Bedeutung:
der Erdbeerblütenstecher, der sich
auch an den Blüten von Himbeeren
und Brombeeren zu schaffen macht,
der Himbeerkäfer, dem wir die klei-

nen weißen Maden in den Himbeeren zu verdanken haben, oder die
Drahtwürmer, Larven verschiedener
Schnellkäfer, die auf frisch umgebro-
chenen Grünland an Möhren und Sa-
latwurzeln gehen können.

Als **Maden** bezeichnet man die Larven von Fliegen und Mücken. Die Maden der Kleinen und Großen Kohl-
fliege (letztere auch Rettichfliege genannt) vergreifen sich an Kohlwur-
zeln und Rettichen. Man kann versuchen, durch »Kragen« aus Teerpappe
oder Lehmanstriche die Fliegen daran
zu hindern, ihre Eier an die Wurzel-
hälse zu legen. Aber das ist mühsam
und kein absoluter Schutz. Da setzt
man besser auf die zahlreichen
Feinde der Fliegen, die sich in einem
naturnahen Garten wohlfühlen, zum
Beispiel aus Singvögel, auf Spinnen
oder auf Libellen.

Die Larven der Möhrenfliege fressen rotbraune Gänge in Möhren und
Knollensellerie. Besonders gefährdet
sind Möhrenaussaaten zwischen Mitte
Juni und Mitte Juli, sehr windge-
schützte Lagen, zu dichter Stand und
Reinkulturen. Die Mischkultur mit
Schalotten und Schnittlauch vertreibt
die Möhrenfliege.

Von »Nützlingen« und »Schädlingen«

Milben gehören zu den Spinnentieren. Gewisse Spinnmilben befallen Bohnen, Gurken und Johannisbeeren. Sie sitzen an der Blattunterseite und verursachen oberseits helle Flecken oder eine Verfärbung des gesamten Blattes. Bei trocken-warmem Wetter vermehren sie sich besonders gut. Versuchen Sie es erst mit dem Absammeln und Vernichten befallener Blätter, bevor Sie im äußersten Notfall (der kaum je gegeben ist) zu Netzschwefel oder einem speziellen Milbenmittel greifen.

Raupen sind die Larven von Schmetterlingen (und Erdschnaken). Die Raupen vom Großen und Kleinen Kohlweißling tummeln sich manchmal massenhaft auf Kohlblättern. Am besten sammelt man sie ab und vernichtet sie in heißem Wasser. Die nackten Erdraupen der Gemüseeule und der Kohleule haben es auf Kohlblätter und Blumenkohlköpfe abgesehen. Verschiedene Raubkäfer und Schlupfwespen stellen ihnen nach. Man kann sie mit einem Gemisch aus Kleie, Zucker und Wasser ködern und in Gefäßen fangen, die im Boden eingelassen sind. (Nur wird man da auch viel anderes fangen.)

Wie man **Schnecken** von seinem Gemüse fernhalten kann, das habe ich schon auf S. 26 verraten. Andere, ungiftige Methoden sind das Auslegen von Brettchen, unter denen sich die Schnecken tagsüber verstecken und abgesammelt werden können. Besonders gefährdete Kulturen (wie junge Bohnen) kann man auch durch eine Umrandung aus Ätzkalk, Asche oder Gesteinsmehl (vorübergehend) schützen. Besser ist auch hier ein einfacher Schneckenzaun aus Blech. Als Fallensteller kann man sich auch betätigen: In den Boden versenkte Marmeladengläser oder Joghurtbecher mit Bier locken Schnecken an.

Schnecken sind recht fruchtbar, wo es ihnen zusagt. Hier ist gerade eine aus dem Ei geschlüpft.
Eines der wirksamsten Mittel gegen Schnecken sind die nicht mehr flugfähigen indischen Laufenten (unten).

Die Raupen vom Kohlweißling (links) machen nicht nur an Kohlpflanzen schwere Schäden.

Von »Nützlingen« und »Schädlingen«

Sogar **Vögel** können im Nutzgarten Schaden anrichten, obwohl man sie doch meistens als die eigentliche Gesundheitspolizei ansieht. Sperlinge, Zeisige, Gimpel, Grünfinken und Meisen fressen im Herbst und Winter gerne die Knospen unserer Beerensträucher, was schon böse Folgen haben kann, wenn sie sich in größerer Zahl und längere Zeit daran zu schaffen machen. Der einfachste Schutz sind Netze; sie sollen aber bis zum Boden reichen, damit die Vögel sich nicht innen verfangen. Netze sind auch ein geeigneter Schutz für junge Saaten und kleinere Kirschbäume. Verwenden Sie aber nicht die dünnen Kunststoffnetze; darin kommen Vögel, Igel und andere Tiere leicht zutode. Garnnetze sind besser und dauerhaft.

Wühlmäuse gehören zu den Kurzschwanzmäusen und treten im Garten als Schermaus (bis zu 20 cm lang ohne Schwanz) oder als Feldmaus (9–12 cm) auf. Auch Erdmaus und Kleinwühlmaus können sich dazugesellen. Im Gegensatz zum ebenfalls wühlenden, aber von Würmern und Insektenlarven lebenden Maulwurf, fressen Wühlmäuse Wurzeln. Manchmal ziehen sie vor unseren Augen ganze Salatpflanzen in den Boden. Schlimmer ist es, wenn sie teure, frisch gepflanzte Obstbäume regelrecht entwurzeln. – Was kann man gegen Wühlmäuse tun? Der auf S. 26 empfohlene Schneckenzaun hält auch Wühlmäuse von Ihren Gemüsebeeten fern, wenn sie ihn tief genug (mindestens 30 cm) in den Boden einlassen. Ansonsten müßten Sie sich mit der kniffligen Kunst des Fallenstellens beschäftigen. Mir war dabei nie Erfolg beschert. Ob in die Gänge gelegte Räucherpatronen der Gartengesundheit förderlich sind, wage ich zu bezweifeln. Käme noch die Vertreibung durch Geräusche in Frage: Bierflaschen in den Boden vergraben und Windrädchen hineingesteckt ... wenn es nichts nützt, so schadets auch nicht und sieht hübsch aus.

Maulwürfe sollten Sie gewähren lassen. Sie treten in kleinen Gärten – wenn überhaupt – meist nur einzeln auf, und dann ist der Schaden durch ihre Haufen gewiß zu verkraften. Zur Unterscheidung dient die Form der Gänge: Hochoval sind die der Wühlmäuse, queroval die vom Maulwurf.

Als Mäusefänger sicher recht nützlich, als Vogelfänger eher ein Ärgernis.

Gesunde Gärten

Das vorausgehende Kapitel über Pflanzenkrankheiten und Schädlinge hat unsere Aufmerksamkeit immer wieder auf die vielfältigen Zusammenhänge hingelenkt, die so charakteristisch sind für Lebensgemeinschaften. Daß wir es auch im kleinsten Garten mit Lebensgemeinschaften zu tun haben, das ist dabei ebenfalls deutlich geworden. Und wir haben gesehen, daß es sehr problematisch ist, in diesem empfindlichen Gewebe ökologischer Beziehungen herumzudoktern. Selbst wenn es gelingt, nur eine einzige Schädlingsart – mit Blattschuß gewissermaßen – aus diesem Beziehungsgefüge zu tilgen, stellt dies eine Störung des Gesamtsystems dar. Die meisten chemischen Mittel gegen Unkraut und Schädlinge wirken aber nicht wie Blattschüsse, sondern wie ziemlich blindlings abgefeuerte und weit streuende Schrotschüsse, denen ganze Teilstücke des ökologischen Gewebes zum Opfer fallen.

Ein anderer Grund, weshalb wir grundsätzlich auf lebenvernichtende Chemie im Garten verzichten sollten: Von vielen dieser Stoffe weiß man allenfalls etwas über ihre direkte toxische Wirkung auf Versuchstiere und etwas über ihre Abbauraten. Man weiß aber wenig bis nichts über sogenannte synergistische (zusammenwirkende) Effekte verschiedener Stoffe auf den menschlichen Organismus und über die Art der Abbauprodukte.

Ich will gewiß niemand in Panik oder Hypochondrie versetzen. Trotzdem kann ich nur dringend raten, im Hausgarten die Finger von der Chemie zu lassen. Denn das ist ja einer der Hauptgründe, der heutzutage

Ein gesunder Garten ist meist auch ein schöner Garten.

Gesunde Gärten

überhaupt dafür spricht, die Mühe des Eigenanbaus auf sich zu nehmen: die Gewähr für rückstandsfreie Nahrung. Solche Rückstände mögen in vielen Fällen harmlos sein. Im Bereich der Ökologie und der menschlichen Gesundheit tut man gut daran, auf Nummer sicher und nicht bis an den Rand zu gehen, denn beides sind hochkomplexe und damit analytisch schwer verständliche Systeme. Das merkt man schon daran, daß immer wieder mehr oder weniger zufällig Schadwirkungen von Stoffen entdeckt werden, die jahrzehntelang als absolut harmlos galten.

Auf der sicheren Seite bleiben in Bezug auf Ökologie und Gesundheit, heißt nicht, sich ängstlich von allem zurückzuziehen und verbiestert im Schmollwinkel nur noch von eigenen Rüben zu leben. Wie sonst auch, geht es darum, das Richtige im möglichen Umfang zu tun und sich über das Unmögliche nicht zutode zu grämen. Angst und Ärger können einen bekanntlich genauso krank machen, wie ungesunde Nahrung.

Über den Begriff Gesundheit ist viel nachgedacht worden. Es gibt nicht wenige gescheite Köpfe, die schlicht behaupten, dieser Begriff ließe sich nicht definieren – was eigentlich bedeutet, daß es ihn nicht gibt. Wenn das schon bei der menschlichen Gesundheit Schwierigkeiten macht, so gewiß nicht weniger im Zusammenhang mit dem Garten. Was ist ein »gesunder« Garten? Gibt es denn auch kranke? Ich fürchte, wir müßten ziemlich tief in die Ökologie und womöglich auch noch in die Philosophie einsteigen, wenn wir diesen Fragen wirklich auf den Grund gehen wollten. Begnügen wir uns daher mit einigen stark vereinfachten Lehrsätzen:

In der Ökologie mag man auch einmal von geschädigten Ökosystemen

sprechen, was in etwa mit einem »kranken« Organismus zu vergleichen wäre. Man bevorzugt aber die Unterscheidung von komplexen und einfachen Ökosystemen, wobei zunächst offen bleibt, ob der Mensch als Ursache zum einen oder anderen beigetragen hat. Eine Wüste ist, verglichen mit einem tropischen Regen-

110

wald, ein einfaches Ökosystem – unabhängig davon, ob die Wüste menschengemacht ist oder nicht. Ein Garten ist ebenfalls – verglichen mit dem an dieser Stelle natürlicherweise sich entwickelnden Mischwald – ein reduziertes, verarmtes Ökosystem.

Die Zahl der je Flächeneinheit lebenden Tier- und Pflanzenarten ist

ein ganz guter Maßstab für die Komplexität eines Ökosystems. Und die relative Komplexität ist wiederum ein ganz guter Maßstab für die Widerstandskraft eines Ökosystems gegen innere Störungen. Relative Komplexität deshalb, weil man den jeweiligen Zustand eines Ökosystems immer nur an dem für diesen Standort typischen Endzustand messen kann. Ein mitteleuropäischer Garten ist ökologisch viel komplexer als eine Wüste, gleichwohl weniger stabil. Er ist instabil, weil er im Verhältnis zum hier standortgemäßen Mischwald ein reduziertes, verarmtes System ist.

Verzeihen Sie diesen Ausflug in die Theorie. Die Praxis folgt auf dem Fuße: Je mehr Ähnlichkeit Ihr Garten mit einem mitteleuropäischen Urwald hat, desto sicherer können Sie sein, daß keine Schädlingskatastrophen oder dergleichen passieren. Anders und vielleicht etwas verständlicher ausgedrückt: Lassen Sie der Natur möglichst viel Spielraum in Ihrem Garten. Versuchen Sie nicht ihr Meister, sondern ihr wißbegieriger Schüler, nicht ihr Beherrscher, sondern ihr behutsamer Lenker zu sein. Machen Sie sich vor allem den Grundsatz und das Ziel aller natürlichen Gemeinschaften zueigen: Harmonie ist nicht die Maximierung eines oder weniger Faktoren, sondern die Optimierung vieler. Konkret: Es sollte Ihnen nie nur um die dicksten Kohlköpfe, sondern immer um das Wohl aller in Ihrem Garten lebenden Organismen gehen. Dazu gehören auch Sie und Ihre Familie.

Auch ein kleiner Garten kann große Freude und reiche Ernte bringen.

Die Gartenerlebnis-Bücher: informative und ideenreiche Wegweiser zu Ihrem Gartenparadies

Michael Lohmann

Grüne Träume unter Glas

Informative Texte und attraktive Farbfotos zeigen, wie man grüne Oasen unter Glas verwirklicht. Schöne und nützliche Wintergärten und Gewächshäuser werden vom Bau bis zur Bepflanzung und Nutzung beschrieben. Ausführliche Porträts stellen Pflanzen vor – auch für Frühbeetkästen und Folientunnel.

111 Seiten, 114 Farbfotos, 5 Zeichnungen

Michael Lohmann

Der bunte Blumengarten

Stauden, bunte Sommerblumen, Blumenzwiebeln und Rosen, aber auch dekorative Blüten- und Fruchtgehölze sowie Bäume, die für kleine Gärten geeignet sind, werden hier vorgestellt. Praktische Beispiele, Arbeitsanleitungen und Bilder demonstrieren, wie man ein bezauberndes Blumenparadies anlegt.

111 Seiten, 125 Farbfotos, 13 Zeichnungen

Michael Lohmann

Der natürliche Garten

Der Naturgarten ist ein Erlebnisgarten im ursprünglichen Sinn des Wortes: Wenn wir der Natur den Freiraum lassen, sich zu entfalten, gibt es täglich etwas Neues zu beobachten. Anschaulich und praxisnah wird in diesem Buch gezeigt, wie ein natürlicher Garten angelegt und bepflanzt wird.

111 Seiten, 109 Farbfotos, 5 Zeichnungen

BLV Verlagsgesellschaft mbH München